사이토 다카시의
훔치는 글쓰기
| 실천편 |

OTONA NO TAME NO KAKU ZENGIJUTSU

© 2016 Takashi Saito
First published in Japan in 2016 by KADOKAWA CORPORATION, Tokyo.
Korean translation rights arranged with KADOKAWA CORPORATION, Tokyo
through Danny Hong Agency.
Korean translation copyright © 2025 Mirbook Company

이 책의 한국어판 저작권은 대니홍 에이전시를 통한
저작권자와의 독점 계약으로 더모던(미르북컴퍼니)에 있습니다.
저작권법에 의해 한국 내에서 보호를 받는 저작물이므로
무단전재와 복제를 금합니다.

사이토 다카시의 훔치는 글쓰기

| 실천편 |

사이토 다카시 지음 | 임해성 옮김

차례

들어가며 ... 11

CHAPTER 01
직장인에게 더욱 글쓰기 능력이 필요한 이유

훌륭한 비즈니스 문서는 끈끈한 인간관계를 구축한다 ... 21
직장인다운 언어습관 체득의 중요성 ... 24
현대인에게 필요한 쌍권총 '화술과 문서작성술 병용 능력' ... 26
'쓰듯이 말하는' 프레젠테이션 달인의 경지 ... 30
사고력을 키우려면 써 보는 것이 최고 ... 33
글쓰기 능력을 향상시키는 '패턴'과 '나다움' ... 36
필요한 것은 문장에서 배어나는 그 사람의 인격 ... 39
논리만으로는 부족하다, 당사자 의식이 느껴지는 글을 써라 ... 42
당사자 의식이 느껴지는 문서작성법 ... 45

CHAPTER 02

문서작성법을 바꾸면 인생이 바뀐다
'글쓰기 능력' 향상을 위한 기본연습

인류는 '쓰는 능력'으로 비약적인 진보를 이뤘다	51
'쓰기'는 '말하기'보다 더 공적인 행위이다	54
말할 때의 단어 선택이 '쓰기'에서의 단어 선택의 훈련이 된다	56
문장은 건축물이다, 3단계 프로세스로 쌓아 올려라	59
컴퓨터와 인터넷의 도움으로 '글쓰기 능력'은 크게 도약했다	62
컴퓨터에 틈나는 대로 기록하여 아이디어 창고를 채워라	64
문장에 필요한 것은 '발견'과 '새로운 관점'이다	67
'발견을 제시하는 능력'은 에세이를 통해 키워라	71
'문맥을 이어가는 힘'은 이렇게 키워라	74
우선 체득해야 할 원고지 10장 메우기	77
글을 쓰기 전의 아이디어 발상법	80
먼저 마지막 문장을 정해 두고 타이틀을 고민하라	82
통과점을 정해 두고 삼단논법으로 문장을 구성하라	85

CHAPTER 03
업무의 성패는 문장력에서 결정된다
비즈니스 문서작성법의 모든 것

비즈니스 세계에서 생존하기 위한 필살기, '글쓰기 능력'	88
용건을 말하면서도 인간성이 느껴지게 하는 기술	92
'사과문'을 보면 '글쓰기' 실력을 알 수 있다	94
제대로 사과하면 위기는 기회가 된다	96
'사·수·대(사기, 수정, 대기)'로 비즈니스 메일의 달인이 되라	99
비즈니스에서 요구되는 투명도가 높은 문서를 작성하는 능력	103
투명도가 높은 문장이란 무엇인가	106
비즈니스 메일의 투명도를 높이는 방법	109
빠른 응답이 상대에 대한 성의를 드러낸다	111
메일작성 원포인트 레슨 1	처음 메일을 보낼 때의 기술	114
메일작성 원포인트 레슨 2	느낌표와 장문의 활용법	118
메일작성 원포인트 레슨 3	위험예지와 거절의 기술	121
업무인계 시 문서화의 중요성	124
'문장'을 쓰는 능력과 '문서'를 쓰는 능력의 차이	128
기획서의 가치는 쏟아부은 열정에 비례한다	131
기획서에는 '퇴고'가 필요 없다	134
기획서 작성 연습을 어떻게 할 것인가?	137
품의서의 급소는 포맷에 있다	139
품의서에 필요한 것은 명쾌함과 설득력	142
보고서는 감각적 요소의 종합이 중요	146
지원서 작성법	149
지원서에 적극성과 유연성을 어필하라	152

CHAPTER 04
문장의 달인이 되는 원포인트 레슨
한 수 위의 글쓰기 기술

명확한 글쓰기의 목적은 사람의 마음을 움직이는 것	159
상대의 요구에 적절하게 대응하는 기술	163
우선적으로 늘려야 할 어휘력과 의미함유율	168
비즈니스맨의 교과서는 신문과 신간서적이다	172
신문을 최대로 활용하는 글쓰기 훈련	174
정반합의 1인변증법으로 사고력을 키우라	177
1인변증법을 마스터하여 본질을 꿰뚫어보는 사람이 되라	180
평범한 내용은 부끄럽고, 일반론은 무의미하다	182
인용을 하면 만족도가 높아진다	186
협상문서 원포인트 레슨 1	기본이 되는 세 가지 포인트	190
협상문서 원포인트 레슨 2	개행과 데이터를 중시하라	196
문체확립 원포인트 레슨 1	왜 문체가 중요한가	199
문체확립 원포인트 레슨 2	문체로 존재감을 드러내라	202
문체확립 원포인트 레슨 3	존재감을 드러내는 신체성	204
시간관리 원포인트 레슨 1	시간사용법을 익혀라	208
시간관리 원포인트 레슨 2	수첩을 최대한 활용하라	210
시간관리 원포인트 레슨 3	시간사용에 절박감을 가져라	213

CHAPTER 05
읽기, 쓰기, 말하기의 달인이 되라
언어를 다루는 마지막 기술

읽기, 쓰기, 말하기가 모두 중요한 이유	217
말하기만큼 중요한 듣기	220
쓰기의 원천은 읽기	223
쓰기 전의 말하기는 쓰기를 즐겁게 만든다	225
공기를 들이마시듯이 책을 읽어라	228
성과로 이어지는 독서법	232
글쓰기를 위한 독서법은 어떻게 체득하는가	235
책을 끝까지 읽지 않아도 좋다	238
제한 시간을 두는 독서법으로 효율화하라	240
키워드 중심으로 글쓰기를 위한 독서를 하라	242

CHAPTER 06

나의 글쓰기 능력에 도움을 준 책

변덕쟁이 로봇	249
이솝우화집	251
무사의 가훈	253
논문작성법	258
레오나르도 다빈치, 천재의 소묘와 수고	261
글 읽는 나날(상, 중, 하)	266
료마의 편지	269
바쇼 입문	273
젊은 수학자의 아메리카	276
러셀 행복론	279
방법서설	282
문어역 신약성서	289
노라야	293
마음대로 살아라	296
베스트셀러 소설 쓰는 법	298
문맹, 아고타 크리스토프 자서전	300
신역 군주론	303
차라투스트라는 이렇게 말했다	306

나가며   309

━━━━━━ 들어가며 ━━━━━━

  일반적으로 '글쓰기 능력'은 학생 시절에나 길러야 하는 것이라는 이미지가 있었다. 다시 말해 학생 시절에 습득한 '글쓰기 능력'이 있다면 직장인이 되어서도 충분히 활용할 수 있을 것이라는 생각이었다. 그래서 오랫동안 영어회화나 회계 등 전문적인 능력을 별도로 하면, 직장인에게 가장 중요한 능력은 원활하게 대화를 이끌어가는 '커뮤니케이션 능력'이나 많은 사무를 아우르는 '사무처리 능력'이라는 생각이 보편적이었다. 이 두 가지 능력이 어찌 됐든 중요하고, '글쓰기 능력'은 그보다는 아래에 있다는 생각이 팽배했던 것이다.
  그러나 현대사회에서 이러한 생각은 적절하지 않다는 것이 드러났다. 물론 커뮤니케이션 능력이나 사무처리 능력의 중요도가 줄어

들었다는 이야기가 아니다. 줄어들기는커녕 이전보다 더욱 높은 수준을 요구하는 실정이다. 그런데 '글쓰기 능력'에 대해 현대인의 관심도가 높아지면서, 커뮤니케이션이나 사무처리 능력과 어깨를 나란히 할 정도로 '글쓰기 능력'의 중요도가 증가하는 추세다.

왜 이토록 '글쓰기 능력'의 중요도가 높아진 것인가. 그 이유는 간단하다. 현재 우리 사회가 과거보다 훨씬 더 다양한 국면에서 '글쓰기'를 요구하고 있기 때문이다. 그야말로 '글쓰기 능력'이 일의 성패를 좌우하고, 나아가 출세 여부를 결정짓는 단계까지 이르렀다.

학생 시절에 연마한 '글쓰기 능력'만으로는 현재 비즈니스 현장에서의 요구에 효과적으로 대응할 수 없다. 이대로라면 매일 진화하는 비즈니스 현장에서 배제되고 마침내는 일을 못 하는 사람으로 낙인찍히게 될 것이다. 구조조정의 대상이 될 수 있다는 말이다. 다시 말해 우리는 직장인이 되어서도 '글쓰기 능력'을 계속해서 향상해 가지 않으면 안 되는 상황에 놓여 있다.

많은 문장을 정확하게 표현할 줄 알아야 한다는 시대적 요구의 증가는, 정보화 사회의 진전에 그 원인이 있다. 특히 인터넷의 발달을 빼고는 이야기를 할 수 없다. 이로 인해 직장인이 문서를 작성해야 하는 장면이 폭증하고 있기 때문이다.

예를 들어 전자메일은 현대사회에서 가장 중요한 연락 수단 중하나이다. 메일로 주고받는 문장은 순식간에 시공간의 장벽을 없앨 수가 있다. 게다가 일의 정황을 기록으로 남긴다는 의미에서도 대단히 중요한 수단이다. 나중에라도 쉽게 확인할 수 있기 때문에 '그런 말을 한 적이 있다, 없다'를 두고 옥신각신할 필요가 없어진 것이다.

바로 이런 이유로 비즈니스 현장에서의 편의성이 대단히 높고, 그에 따라 하루에 수십 통의 메일을 주고받는 상황이 자주 연출된다. 정말로 비즈니스를 하는 데 없어서는 안 될 매우 중요한 수단이라 할 수 있다. 글을 쓰는 행위가 대단히 일상적인 활동이 되어 이전에는 그다지 글을 잘 쓰지 못해도 그럭저럭 업무를 수행할 수 있었던 사람이 업무수행 부적격자로 인식되어 탈락하는 경우가 드물지 않게 된 것이다.

그렇다면 비즈니스 메일을 작성하는 능력과 업무수행 능력 사이에는 얼마나 상관관계가 있는 것일까? 구체적으로 알아보도록 하자.

사람이 사상事像을 판단하기 위해서는 반드시 조건의 제시가 필요하다. 예를 들어 미팅 약속 하나를 삽는다 해도 어떤 목직으로 만나려고 하는가를 명확하게 전달한 뒤에 일시는 물론, 사전에 무엇을 준비해야 하는가, 만약 첫 만남이라면 무엇으로 서로를 식별할 것인가에 이르기까지 참으로 많은 정보를 교환하고 전달할 필요가 있는 것이다. 메일 한두 통으로 이런 정보를 제대로 전달할 수 있는 사람은 기본적으로 글을 쓸 줄 아는 사람이라고 해도 좋을 것이다. 그러나 개중에는 이를 위해 대여섯 번 메일을 주고받아야 하는 사람도 있다. 그런 사람과 메일을 교환하면 상당히 피로하다. 자연스럽게 그런 사람은 업무를 추진하는 능력이 낮다는 평가를 받게 되는 것이다.

실제로 비즈니스 메일의 작성 수준은 사람에 따라 상당한 차이가 있다. 나 자신도 매일 많은 양의 메일을 주고받는 상황인지라 그 작성 수준을 척 보면 알 수 있다. 그런데 정작 비즈니스 메일의 작성 수준이 낮은 사람일수록 자신의 레벨이 어느 정도인가에 대한 인식이 없는 경우가 많다.

내가 자주 보게 되는 비즈니스 메일의 안 좋은 패턴은 조건이나 요건이 충분히 기술되지 않은 경우이다. 예를 들어 취재의 의뢰. 특별히 성의 없이 썼다는 것은 아니다. 깍듯한 인사말도 들어있다. 그런데 정서적인 문장으로만 작성되어 일정 등의 조건에 대해서는 아무런 언급도 없이 "전향적으로 검토를 부탁드립니다."라는 식으로 쓴 경우를 말한다.

이런 경우 내가 이 의뢰를 받아들일지 여부를 판단하기 위해서는 이에 필요한 정보를 다시 요청해야 하는 상황이 발생한다. 그러나 처음부터 내가 부탁한 일이 아니기 때문에 일부러 그렇게 할 필요는 없다. 또한 혹시 받아들였다가 이런 식의 메일을 주고받느라 더 많은 시간을 빼앗기는 것은 아닐까 하는 의구심마저 드는 것이 사실이다. 결과적으로 거절할 가능성이 커진다는 말이다.

비즈니스 메일의 작성 능력은 그 일이 성사될 수 있는지 없는지까지도 결정할 수 있는 대단히 중요한 기본 기술이다. 그럼에도 비즈니스 메일의 작성법에 대한 제대로 된 교육을 받은 적이 있다는 사람을 찾아볼 수 없다. 우리가 학교에서 배운 것은 기껏해야 독서 감상문이나 논문의 작성법 정도일 것이다. 하지만 그런 정도의 교육만을 받았음에도 직장인이 되자마자 제대로 된 비즈니스 문서를 작성해야 하는 필요에 직면하는 것이 현실이므로 이는 작지 않은 문제이다.

여기서 가령 '비즈니스 메일 작성법'과 같은 책을 읽었다고 해서 익힐 수 있느냐 하면 반드시 그렇다고는 할 수 없다. 그런 책들은 대개 '계절 인사' 등 정형화된 문서에만 충실하다는 느낌을 지울 수 없기 때문이다.

물론 '계절 인사'와 같은 정형화된 지식도 그것은 그것대로 필요하다. 그러나 더욱 중요한 것이 있다. 본질을 이해하고 과부족이 없는 문장으로 이를 표현하는 능력이다. 나는 이것이야말로 '글쓰기 능력'이라고 생각한다. 그러한 글쓰기야말로 메일은 물론, 기획서나 프레젠테이션 자료 등 모든 비즈니스 문서작성에 통하는 최강의 능력이라고 할 수 있다. 그렇다면 어떻게 해야 이 '글쓰기 능력'을 향상할 수 있을 것인가. 이 책에서 그 모든 것에 대해 다루어 보고자 한다.

이 책은 다음과 같이 구성되어 있다.
제1장에서는 직장인에게 글쓰기 능력이 왜 필요한 것인지, 직장인에게 필요한 '글쓰기'에는 무엇이 있는지를 살펴보고자 한다.
제2장에서는 글쓰기의 기본적인 힘을 기르기 위한 효과적인 방법에 대해 상세하게 설명하고 있다.
제3장에서는 업무의 성패를 가르는 구체적인 비즈니스 문서의 작성법을 찾아본다. 여기까지 읽으면 비즈니스 현장에서 곤혹스러울 일은 없을 것이다.
제4장에서는 비즈니스 문서작성의 달인이 될 수 있는 고급 기술을 알려준다. '글쓰기'에 대한 면허취득 수험서라고도 할 수 있겠다.
제5장에서는 '읽기, 쓰기, 말하기'의 달인이 되기 위한 기술을 설명한다. 이 세 가지는 각각 별개의 능력이기는 하지만 서로 연결되어 있다. 이런 능력들을 유기적으로 향상함으로써 몇 배의 효과를

볼 수 있다.

  제6장에서는 글쓰기 능력을 향상하는 데 도움이 되어 준 책들을 소개하고 있다. 왜 이 책에서 감명을 받았는가에 대해 한 권 한 권 설명하면서 어떻게 읽으면 '글쓰기 능력'을 키울 수 있는지에 대한 내 경험을 나누고자 한다. 여기에서 소개하는 모든 책을 읽을 무렵이면 당신의 '글쓰기 능력'은 누구와 견주어도 손색이 없을 것이다.

  이 책을 통해 그 동안 연마해 온 '글쓰기 기술'의 비법을 숨김없이 모두 공개하고자 한다. 모쪼록 이 책에 소개된 다양한 기술을 배우고 익혀 비즈니스 문서작성의 달인이 되기를 바란다.

사이토 다카시

직장인에게
더욱 글쓰기 능력이
필요한 이유

훌륭한 비즈니스 문서는
끈끈한 인간관계를 구축한다

비즈니스 문서작성 능력을 익히기 위해서는 '글쓰기는 인간관계를 만든다'는 사실을 먼저 인식해야 한다. 그러므로 당연히 관계성을 악화시키는 글을 써서는 안 된다는 것은 다시 말할 필요도 없다.

어떻게 말하는가에 따라 관계성이 결정된다는 것은 누구나 몇 차례 경험한 적이 있을 것이다. 예를 들어 상대의 기분을 상하게 하는 말을 내뱉은 뒤에는 아무리 그 관계를 회복하려고 노력해도 쉽게 나아질 리가 없다.

문장은 형태를 갖춰 서면에 남는 것이기 때문에 말로 하는 것보다 더욱 큰 영향을 준다. 처음 작성한 한 문장에 상대방은 당신에 대한 이미지를 결정짓게 된다. 그리고 그 이미지가 향후 업무 추진에

CHAPTER 01

도 상당한 영향을 미치는 경우가 많다.

잘 작성된 인사말 하나로 상대방의 호감을 얻는다……. 그것은 사실 그렇게 어려운 일은 아니다. 지금까지 아무런 관계가 없던 사람과 좋은 관계를 맺어 업무를 부드럽게 추진하는 경우는 상당히 많다. 하지만 반대로 처음 문서작성에 실패한 이후에 신뢰를 되찾기 위해 무던히 고생했다는 사람들도 부지기수다.

그러한 실패를 최소한으로 줄이고, 맨 처음 쓰는 전자메일에서 우호적인 인간관계의 다리를 놓은 다음에, 구체적인 제안을 한다. 그것을 통해 상대방의 승인을 얻고, 신뢰관계를 구축한 뒤, 마지막으로 일이 끝난 뒤에는 감사의 메일을 보내고, 다음 비즈니스를 이어간다……. 비즈니스에서는 이런 흐름이 가장 이상적이다.

그래서 현대 직장인에게 우선 중요한 것은, 문장력이 인간관계에도 대단히 중요하다는 점을 명확히 이해하는 것이다. 학생 시절에는 논문을 쓰든 독서감상문을 쓰든, 그것이 인간관계에 영향을 미친다는 생각을 그다지 해 본 적이 없을 것이다. 그러나 사회에 나오면 그 상관관계를 제대로 이해할 필요가 있다.

다른 말로 하자면 '문장으로 상대방을 움직이는 힘'을 자신의 것으로 만들어야 한다. 용건을 과부족 없이 전달한다는 것이 대전제이기는 하지만, 그 위에 사람의 마음을 움직일 수 있는 문장을 쓸 수 있는가 없는가가 과제가 된다. 사람의 마음을 움직이고 행동으로 이어지게 하는 것이야말로 진정한 의미에서 업무에 활용하는 '글쓰기 능력'을 습득했다고 할 수 있다.

그렇다면 사람의 마음을 움직이는 글이란 어떤 것일까. 포인트는 '따뜻함'이 느껴지는가, 이다. 아무래도 사람은 마음이 끌려야 움직이는 존재이다. 그래서 인간적인 따뜻함이라든가, 열정 혹은 상대방에 대한 배려 등이 느껴지는 글을 쓸 수 있어야 한다.

다시 한번 말하지만 용건을 과부족 없이 정확하게 전달하는 것이 대전제이다. 그 위에 앞에서 말한 '감정의 플러스 알파'가 들어 있는 문장을 쓰는 것이 상대방으로 하여금 '같은 조건이라면 이 사람과 일을 해 볼까?'라는 생각을 하게 한다.

예를 들어 하나의 일이 끝났을 때 정성을 다한 감사의 메일을 보낸다. 그러면 상대방은 '아, 이 사람에게는 인간적인 따뜻함이 있구나.' 하고 느끼게 되고, 다음 기회에 서로 말을 붙이기가 쉬워진다는 뜻이다. 그러한 메일을 잘 쓸 수 있는가 없는가에 따라 직장인으로서의 당신을 평가하게 된다.

직장인다운
언어습관 체득의 중요성

　직장인에게는 직장인에게 어울리는 언어습관이 있다. 따라서 직장인이 되었다면 직장인다운 언어습관을 몸에 익힐 필요가 있다.

　2008년부터 시작된 '베스트 팀 오브 더 이어'라는 상이 있다. '팀이 창출한 실적', '조직력', '팀 내외의 만족도'의 3요소를 종합적으로 평가해 국내외를 막론하고 사회적, 경제적으로 높은 실적을 내거나 평가를 획득한 제품이나 서비스, 콘텐츠를 창출한 '팀'을 표창하는 프로젝트로 내가 심사위원장을 맡고 있다.

　2015년에 최우수상을 수상한 팀은 럭비 일본대표팀이었다. 표창식에는 히로세 도시아키廣瀨俊郎 선수와 오노 히토시大野均 선수가 참석했는데, 그때 나는 그들이 훌륭한 스포츠 선수임과 동시에 제대로 된 직장인의 자질을 갖추고 있다고 느꼈다. 그것은 고로 마루아 유무五郞丸步 선수의 인터뷰를 보면서도 느낀 것과 같은 감정이었는데, 그들은 어떤 질문에 대해서도 직장인답게 침착하게 대답을 한다는 인상을 받았다.

어쩌면 그것은 럭비라는 '팀워크'를 바탕으로 하는 경기를 치르는 가운데 단련된 것이라고 생각한다. 그러나 그것을 넘어서 그들이 직장인으로서의 자각과 직장인으로서 사용해야 할 단어를 선택하는 힘을 가지고 있기 때문이라는 생각이 더 강했다. 그들은 인간관계에 대한 깊은 이해를 바탕으로, 그 자리에서 적절한 몸짓이나 대화를 구사하는 힘을 완전히 자신의 것으로 만드는데 성공했다.

글쓰기와 대화의 저변에 있는 힘(언어의 힘 전반)을 잘 활용하고 있다는 것이다. 이것은 정말로 중요하다. 제대로 된 대화 능력을 보유한 사람은 반드시 그렇다고는 할 수 없지만 글을 쓸 때도 그 능력을 발휘하는 경우가 많다. 아무리 구어체에 가까운 문체로 글을 쓴다고 하더라도 잘 정리된 글을 쓸 확률이 대단히 높다.

결국 직장인으로서 직장인답게 잘 말하는 것과 글을 잘 쓰는 것은 서로 연동되어 있다고 할 수 있다.

현대인에게 필요한 쌍권총
'화술과 문서작성술 병용 능력'

그렇다고는 해도 말하기 능력과 글쓰기 능력이 반드시 같다고는 할 수 없다. 일상적인 대화에서는 그다지 많은 어휘력이 필요하지 않기 때문이다. 그래서 대화를 잘하는 사람에게 글을 써보라고 하면 도중에 포기하는 경우가 생기곤 한다. 반대로 매우 유려한 문장을 구사하는 소설가이지만 강연회 등에서 말문이 자주 막히는 경우도 볼 수 있다. 이렇듯 말하기 능력과 글쓰기 능력을 모두 갖춘다는 것은 의외로 어려운 일이다.

그러나 현대를 살아가는 이들은 가급적 그러한 괴리를 좁히고, 수륙 양용차와 같이 화술과 문서작성술을 함께 구사할 수 있는 능력을 갖추어야 한다. 그리고 어느 한쪽의 능력이 뛰어난 사람이라면 나머지 하나의 기술을 습득하는 것이 그리 어려운 일만은 아니다. 더군다나 오늘날은 말을 잘해 상대방의 호감을 얻었다고 해서 그대로 일이 종료되는 세상이 아니다. 대화가 끝난 뒤, 향후에 발생할지도 모르는 트러블을 방지하기 위해서라도 문서로 남겨 두지 않으면 안 되는 경우가 매우 많다.

원래 대화만으로 하는 교섭은 서로가 약간의 착각, 인식의 차이, 기억의 차이 등이 발생하기 쉬운 구조이기도 하다. 그래서 그것을 확인할 수 있도록 남겨 두는 메일이 비즈니스 세계에서는 가장 중요한 도구 중 하나이며 그런 이유로도 널리 활용되고 있다.

현대 비즈니스는 과거와 달리 말로만 일이 성사되거나 끝나는 경우가 거의 없다. 영업직이라 하더라도 일단 관계가 형성되면 확인메일을 보내서 서로의 이야기를 명확히 정리해 두지 않으면 안 된다. 내가 알고 있는 어느 영업사원은 대화를 마치고 돌아가면 반드시 그날 나눈 이야기를 깔끔하게 정리한 메일을 보내 준다. 그렇게 함으로써 서로가 그 내용을 확인할 수 있는 것이다.

메일을 보낸다 하더라도 단순한 인사메일로 그치는 것이 아니라 서로 나눈 내용을 요약해서 항목을 나누어 확인해야 한다. 비행기의 리컨펌과 마찬가지로 '이렇게 정리하면 되겠습니까? 맞습니까?'라는 식으로 하나하나 서로의 인식과 이해에 괴리가 없는지를 확인하면서 일을 추진해야 한다.

 그렇다면 화술과 문서작성술을 모두 몸에 익히려면 어떻게 해야 하는가?

 그 좋은 훈련법의 하나가 말하는 동안에 문서화하기 쉬운 언어를 선택해야 함을 계속해서 의식하면서 말하는 것이다. 나 자신도 사용하는 방법인데, 말할 때에 가급적이면 문서용어에 가까운 형태로 말을 한다.

 구체적으로 말하자면 녹음기를 뒤로 돌려서 '무엇무엇은 여차여차하니 이러이러하다고 결론지을 수 있다'와 같이 문서를 작성하는 것처럼 말을 이어 가고, 이를 다시 들으면서 문서를 작성하는 식이라고 할 수 있다. 그런 식으로 반복해서 연습해 보면 말을 할 때에 반드시 그 문장의 끝을 의식하면서 말할 수 있게 되고, 그것을 문서화하면 더욱 더 쓸데없는 낭비가 없어지게 된다. 나아가 정확하게 자신의 의사가 제대로 전달되었는지 아닌지, 이상한 표현은 없는지를 파악하여 다양한 면에서 과부족이 없는 대화를 구사할 수 있게 된다. 그리고 그러한 말하기를 구사하면서 문서를 작성해 보면 이전보다 매우 빨라졌음을 알게 된다.

 구어와 문어는 완전히 별개라고 생각하는 사람들이 많지만 이처럼 실제로는 매우 깊은 연관이 있다. 이 훈련을 거듭하다 보면 문서를 작성하고 있는 동안에 머릿속에서 다른 사람에게 말을 하는 것과 같은 흐름으로 '무엇무엇은 여차여차하니 이러이러하다고 결론지을 수 있다'는 식의 문장이 떠오르게 된다. 따라서 남은 것은 그 떠오른 문장을 문자로 써 내려가기만 하면 된다. 작성 속도가 매우 빨라지게 되는 것이다.

'쓰듯이 말하는' 프레젠테이션 달인의 경지

쓰듯이 말하는 연습을 통해 얻을 수 있는 가장 커다란 메리트는 이야기할 때도 막힘이 없이 잘 말할 수 있다는 것이다. 문장력이 늘면 쓸데없는 말을 하지 않고 술술 말할 수 있게 된다. 그 능력을 마음껏 발휘할 수 있는 장이 바로 프레젠테이션이다.

프레젠테이션을 할 때 아무런 준비도 없이 발표장에 들어서는 사람은 없을 것이다. 반드시 사전에 메모를 하거나 이야기할 내용을 원고로 정리하기 마련이다. 발표장에서는 그렇게 연습하고 외운 원고를 떠올리면서 많은 사람들 앞에서 이야기를 전개해 나간다.

프레젠테이션의 준비를 위해 작성한 원고의 높은 완성도가 곧바로 프레젠테이션의 성공으로 이어진다. 반대로 그 원고에 쓸데없는 표현이 많이 들어가 있다면 프레젠테이션 역시 두서없이 흘러가기 쉽고, 결국엔 실패한 프레젠테이션으로 끝날 것이다. 이렇게 보면 프레젠테이션에 필요한 능력은 말하기 능력이 아니라 글쓰기 능력이라고도 할 수 있겠다.

미국 대통령의 연설을 보아도 마찬가지이다. 대통령은 연설을 할 때 그 자리에서 엄청 고민하면서 이야기를 하고 있다는 현장감을 느낄 수 있는 표정과 언어로 말한다. 하지만 그 바탕이 되는 연설문 초안은 1~3개월에 걸쳐 진중하게 걸러진 표현들이다. 결국 연설의 성패도 사전에 작성된 연설문의 완성도에 좌우된다고 할 수 있다.

물론 아무리 잘 준비된 원고라 하더라도 연설장에서 마치 책을 읽듯이 한다면 결코 사람들의 마음을 움직일 수 없을 것이다. 당연히 테크닉도 필요하다. 중요한 단어일수록 천천히 말한다, 말을 이어가는 동안에 포인트를 잡아서 결정적인 캐치프레이즈를 생각한다……. 그런 연구와 실천을 거쳐 원고에 써진 것과 말하는 것이 일제화되는 것이다.

2020년 도쿄올림픽과 패럴림픽 유치위원회 컨설턴트인 닉 밸리씨가 올림픽 유치에 관해 쓴《일본은 이렇게 올림픽을 유치했다! 세계를 움직이는 프레젠테이션 능력!》(NHK출판)에서 중요한 표현이 나온다. 프레젠테이션의 연습은 아무리 많이 하더라도 과하지 않다는 것이다. 계속해서 반복하는 가운데 자신의 것이 된다는 말이다.

프레젠테이션에서 구사되는 말은 원래는 원고에 쓰여 있는 언어이다. 그것을 수없는 연습을 통해 자신의 것으로 만들고 마치 자신의 내부에서 끓어오른 것과 같은 언어로 바꾸어 입으로 옮긴다. 그렇게 함으로써 다른 사람의 마음을 움직일 수 있게 되는 것이다.

이런 식으로 글쓰기에 익숙해지고, 쓰듯이 말하는 연습을 통해 화술과 문서작성술이 함께 성장하여 마침내 사고력도 비약적으로 향상되게 된다.

사고력을 키우려면 써 보는 것이 최고

　인간을 인간답게 하는 것, 다른 동물과 달리 고도의 문명을 쌓아 올릴 수 있도록 한 것, 그것은 고도의 사고를 하는 능력이다. 그 고도의 사고를 뒷받침하고 있는 것은 바로 언어의 힘이다. 결국 사고력을 키우기 위해서는 언어 능력을 단련하는 것이 가장 좋은 방법이다.

　그렇다면 어떻게 언어사용법을 단련하는 것이 좋을까.

　물론 일상적인 대화를 통해서도 언어사용법을 단련할 수 있다. 그러나 대화에는 가벼운 잡담도 포함되거니와 표정이나 억양과 같은 비언어적 요소들도 많이 개입되기 때문에 엄밀하게 말하자면 언어 능력만을 향상시키는 데 최적이라고는 할 수 없다.

CHAPTER 01

그에 비해 원고를 써 보는 작업은 매우 힘이 든다. 메일로라도 좋으니 깔끔하게 정리된 문서로 보내 달라고 하면 시간이 오래 걸리는 사람들도 많을 것이다. 혹은 기획서를 작성함에 있어 익숙하지 않은 사람은 첫 줄부터 막막해서 아무것도 할 수 없는 경우가 종종 있다.

그것은 어떤 의미에서는 너무나도 당연하다고 할 수 있다. 사실 글쓰기 작업은 깊은 사고력을 요구하는 대단히 피곤한 작업이기 때문이다.

언뜻 알고 있다고 생각하고 있는 것도 글로 써보면 '아, 내가 알고 있는 것이 아니구나.' 하고 확실히 깨닫게 된다. 그것을 군더더기 없는 문장으로 작성하기 위해서는 부족한 지식을 채워 넣고, 자신의 사고력을 심화시켜 생각을 정리할 필요가 생긴다. 그러니 이것이 하루 아침에 되는 것은 아니다.

지도하는 학생들을 지켜보아도, 실제 문장을 작성해 봄으로써 점차 사고가 깊어지거나 정리되어 간다는 것을 자주 느끼게 된다. 예를 들어 신입생들이 작성한 리포트를 보면 많은 경우에 "처음에는 알지 못했던 것을 작성을 마칠 때쯤에야 비로소 알게 되었습니다."로 끝나는 말을 볼 수 있다. 그것은 작성하는 동안에 '아, 그러고 보니 이것도 있구나, 그래 이것도 있네.'와 같이 무엇인가를 발견하면서 글쓰기를 하기 때문이다. 그 발견 자체가 글쓰기가 주는 하나의 즐거움이라고도 할 수 있다.

소설가들도 결과를 완전히 정하지 않은 채 글쓰기를 시작하는 경우가 많은데, 그런 분들의 이야기를 들어 보면 "도중에 도대체 어떻게 될까 약간 불안하기는 하지만, 대체로 마지막에는 좋은 착지를 하곤 한다."라고 말한다. 그것이 작가로서의 자질이기도 하지만, 아마도 글을 쓰는 동안에 그 행위 자체로 인해 상상력이 자극되기 때문이리라. 그렇게 떠오른 생각을 다시 문자로 적게 되고, 그 적은 문장들로 인해 새로운 상상력이 자극되어 새로운 언어가 떠오른다……

결국 자신이 쓴 문장을 보게 되면, 그것이 타자라고 할까, 아무튼 자신이 아닌 어떤 존재로서 자신에게 자극을 주어 다음 생각을 유발하는 사이클이라고 생각한다. 자신이 작성한 문장은 자신의 문장이기는 해도 하나의 독립된 존재로서 눈 앞에 펼쳐지는 것이다. 그와 마주함으로써 더욱 사고가 깊어진다. 소설가는 이 작업을 무한히 반복하는 사람일 것이다.

이 이야기에서 알 수 있는 바와 같이, 글쓰기 능력을 몸에 익힌다는 것은 자신의 사고력을 높이는 것이기도 하다. 이것을 반드시 알아 두었으면 한다.

글쓰기 능력을 향상시키는 '패턴'과 '나다움'

    일반적인 회사원이 업무 가운데에서 한 권의 책에 필적하는 분량의 문서를 작성하는 일은 드물 것이다. 그래도 메일, 보고서, 기획서 등 매일같이 다양한 부분에서 글쓰기에 노출되는 것은 사실이다. 이럴 때에 자신만의 글쓰기 패턴을 가지고 있으면 편리하다.

    이 패턴이라면 빨리 작성할 수 있다, 이런 스타일이라면 문서 작성이 쉽다, 혹은 스스로 자신 있어 하는 문구가 있다면 그것을 마지막에 배치하면 결론이 쉽게 정해진다……. 이런 식으로 자신만의 패턴이 있다면 문장을 구성하는 작업을 즐겁게 해 낼 수가 있다.

    마치 체조선수가 자신이 착지하는 모습을 상상하며 그것으로부터 역산해 연기를 구성하는 것과 같다고 할 수 있다. 어떤 식으로 시작해 어떤 기술을 보여주고 마지막에 깔끔하게 착지한다는 식으로 문장을 구성해 가는 것이다. 예를 들어 세 가지 정도의 요점을 들어 설명하고 마지막에는 인사말을 넣는다는 식의 기본 포맷이 결정되어 있으면 아무래도 여유를 가지고 작성할 수 있다.

백지 상태에서 아무것도 없이 문장을 써 내려간다는 것은 어려운 일이지만, 메일의 처음과 끝은 대체적으로 결정되어 있고 용건 부분만을 매번 바꾸는 식으로 한다거나 세 가지 요소만을 사전에 정해 둔다면 긴장할 필요 없이 차분하게 문서를 작성할 수 있다(이 세 가지 요소는 다음 장에서 자세히 설명하려고 한다).

나는 여러 사람에게 글쓰기를 지도하고 있으며 관련된 책도 많이 낸 바 있다. 과거 글쓰기와 관련하여 내가 출판했던 책을 읽고 '이렇게 하면 책을 쓸 수 있구나.'를 깨달아 실제로 자신의 책을 출판하게 되어 고맙다고 내게 인사를 해 온 사람이 있었다. 그리고 내 책에서 글쓰기 능력을 높이는 방법을 배워서 승진했다고 하는 독자의 감사 인사를 받기도 했다. 그분은 탁월한 영업력의 소유자이기는 했지만, 그 회사에서는 승진의 조건으로 소논문 작성의 과제가 있어 몇 년이나 승진에 탈락했다고 한다. 내가 쓴 책을 구입해 밑줄을 긋고 메모를 해 가면서 몇 번을 읽고는 시험에 도전하여 마침내 승진에 성공, 연봉이 1,000만 원 이상 높아졌다는 것이다. 정말로 극적인 변화

CHAPTER 01

이다.

이분의 사례는 특별한 것이 아니다. 누구에게나 글쓰기 능력이 생기면 실제로 여러 부분에서 자신에게 득이 된다. 예를 들어 취업준비 활동을 할 때 작성하는 '지원서'. 여기에 자신이 하고 싶은 일이나 지금까지의 학생생활 등에 관해 적기 마련이지만 서류심사에 합격하는 사람이 있는가 하면 떨어지는 사람도 있다. 같은 대학 출신이라도 합격자와 불합격자가 나뉘는 것을 보면 합격 여부가 문장의 질에 의해 결정되는 것이 틀림없다. 그렇다면 어떤 문장을 구사해야 하는가.

그것은 자신의 진솔함을 드러낼 수 있는가 없는가에 달려 있다. 나는 다양한 분야의 여러 사람들에게 글을 쓰도록 하고 있는데 그 글 속에 진정성이 담겨 있는지를 유심히 들여다 본다. 진짜 자신의 모습이 드러나는 글에서는 '이 사람은 형식적으로 이렇게 말하는 것이 아니구나. 자신의 생각을 가지고 있음에 틀림없다. 마음이 잘 드러나 있군.'이라는 느낌을 주면서 진정성이 전해진다. 그런 글을 쓸 수 있는 능력이 필요하다.

필요한 것은 문장에서 배어나는
그 사람의 인격

글을 읽는 사람들은 누구나 그 글을 쓴 사람의 인격을 읽어 내려고 하는 법이다. 인격적으로 함께 일을 할 만한 사람인가, 정확하게 사리를 판단할 수 있는 인물인가, 사회성은 있는가, 자신에 대한 주체성은 있는가, 또는 재미있는 사람인가……. 그렇게 다양한 요소들을 글 속에서 파악하려고 노력한다.

그것은 학생들의 지원서를 읽는 담당자들도 마찬가지이다. 분량에 제한을 둔 짧은 문장일지언정 진지하게 지원서를 읽는다. 그리고 당연한 결과이지만 '이 정도 쓰면 되겠지.'라는 수준의 지원서에는 뭔가 부족함을 느끼고 탈락시킨다. 결국 누군가를 따라 하거나 모범 답안과도 같은 지원서를 아무리 잘 작성해도 의미가 없다는 뜻이다.

CHAPTER 01

오히려 문장은 다소 어눌하더라도 자신의 속내를 드러내어 나는 이런 상황과 맞부딪쳐 이런 생각을 했다든가, 어떤 사람과 만나 어떤 생각을 하면서 지금의 내가 되었는지에 대한 그 사람만의 스토리나 사고방식을 읽어낼 수 있기를 바란다. 그런 의미에서는 문장 안에 개인의 특징이나 특성을 녹여낼 수 있는 글쓰기 능력, 그것도 직장인에게 있어서 필요한 글쓰기 능력이 있는가를 묻는 것이라고 보아도 좋겠다.

그리고 현대사회에서야말로 직장인의 인간성이 역설적으로 중요해진다. 개인으로서 신뢰할 수 있는가 없는가가 대단히 중요해졌다는 말이다. 얼마나 똑똑한가, 얼마나 말을 잘 하는가보다 인간성이 중요하다. 일의 크기가 커지면 커질수록 그것은 더욱 중요한 포인트가 된다. 그러므로 연락을 거듭해 가는 과정에서 '이 사람은 신용할 만하다.'는 믿음을 주었을 때 비로소 한 단계 위의 일을 할 수 있는 기회가 주어진다고 할 수 있다.

그런 만큼 적절하게 자기다움을 드러내고, 개인으로서 상대방에게 신뢰받을 수 있는 문장을 구사하는 능력이 일의 성패를 좌우하게 된다. 용건을 전달하는 것은 물론이거니와 거기에 자신의 감정을 잘 실어 보내야 한다. 이것 또한 직장인으로서 필요한 글쓰기 능력이다.

앞에서 말한 바와 같이 취업준비에 있어서도 진짜 자기 모습을 얼마나 진솔하게 드러낼 수 있는가를 둘러싼 에너지의 문제가 된다. 채용담당자는 수많은 지원서를 읽으면서 그 에너지를 파악한다. 그렇기 때문에 학생들의 입장에서는 자신을 최대한으로 드러낼 수 있는, 힘이 있는 글쓰기가 중요해지는 것이다.

논리만으로는 부족하다, 당사자 의식이 느껴지는 글을 써라

 나는 대학에서 학생들을 가르칠 뿐만 아니라 교원의 채용업무도 담당한다. 응모자 수가 너무 많기 때문에 전원에게 면접의 기회를 줄 수는 없다. 그래서 예컨대 교육학 분야의 교수를 채용할 때에는 '현재 교원양성의 문제는 무엇인가?'에 관한 소논문을 작성하여 제출하도록 하고 있다.
 그것을 5명의 심사위원들이 읽어 보고 면접대상자를 결정하게 되는데, 읽어 보면 '이 사람은 상당한 당사자 의식을 가지고 이 글을 썼구나.', '이 사람은 남 얘기하듯 썼네.', '이 사람은 현상을 제대로 파악하려는 의식이 희박하구나.'라는 점에 대해서 놀랍게도 심사위원들의 의견이 거의 일치하는 것을 경험한다.

물론 응시자들은 모두 훌륭한 사람들이기 때문에 소논문만이 아니라 경력이나 업적도 함께 고려해서 심사한다. 그야말로 종합적인 심사를 통해 면접대상자를 결정해 나가는 것이기는 하지만, 역시 인격이 묻어나는 소논문은 심사에서 매우 중요한 비중을 차지하게 된다.

심사위원들은 소논문을 통해서 이 사람은 인간적으로 신뢰할 수 있는가, 어려운 일을 회피하지는 않을까, 일을 감당하지 못해 허덕이지는 않을까를 파악한다. 당연히 지원자들을 만난 적은 없다. 그래도 글을 통해 그 인간성을 알 수 있다. 잔재주를 부려 심사위원들을 속이고 좋은 말만 늘어놓는 사람들도 있지만, 그런 사람들을 걸러 내는 것은 어려운 일이 아니다.

그뿐만이 아니라 당사자 의식을 가지고 문제를 끌어안고 해결할 수 있는가 없는가를 묻는 것임을 잊어서는 안 된다. 내가 한다면 어떻게 하겠다는 점을 명확히 하고, 그것을 문장으로 펼쳐 보여야 한다. 그리고 그러한 문장을 쓰기 위해서는 두 가지의 관점을 가지고 있어야 한다. '거시적인 관점'과 '개인적인 관점'이 그것이다. 평상시에도 그런 관점으로 사고하고 일하고 있는가를 묻는 것이다.

거시적인 관점이란 문제를 일반화해서 어떻게 대처할 것인가를 말한다. 그러기 위해서는 우선 다양한 정보를 취합하여 일반적인 지

CHAPTER 01

식이나 정보를 확보할 필요가 있다. 그러나 그것은 어디까지나 누구라도 쓸 수 있는 내용이기도 하다. 공부하면 되는 것이니까.

그보다 중요한 것은 '개인적인 관점'이다. 자신이 그 문제를 해결한다고 하면 자신의 경험을 바탕으로 어떻게 대처할 것인가를 구체적으로 쓸 수 있느냐를 말한다. 그러한 관점이야말로 그 사람 자신의 본질을 드러내고 있기 때문이다.

그러한 매크로의 눈과 마이크로의 눈. 그 양쪽을 이용해 글을 씀으로써 비로소 '이 사람은 문제를 자신의 것으로 생각하고 있구나.'라는 당사자 의식을 느낄 수 있는 것이다.

이처럼 직장인에게는 그 문제를 주체적으로 인식하고 있다는 것, 즉 당사자 의식을 갖고 있다는 것을 메시지로 명확하게 전달하는 것이 대단히 중요하다. 그것을 제대로 전달할 수 있는 문서작성법의 소유자인가 아닌가가 판단의 중요한 근거가 된다는 점을 명심해야 한다.

당사자 의식이 느껴지는 문서작성법

당사자 의식이 느껴지는 문서작성의 중요성은 충분히 이해했으리라 믿는다. 그러면 이제 어떻게하면 그런 문서를 작성할 수 있는지에 대해 설명하기로 하자.

당사자 의식이 느껴지는 문서를 작성하기 위해서는 평소에도 그런 관점에서 사고하는 것이 가장 좋다. 자신이 일하고 있는 회사나 업계에서 일어나는 모든 일에 대해 자신의 문제로 생각해 보라는 것이다. 그것이 가장 빠른 방법이다.

그런데 속성으로 당사자 의식을 느끼게 할 수 있는 약간의 방법이 있다. 그것은 개인적인 에피소드를 활용하는 테크닉이다.

나는 강아지를 키우고 있는데, 업무상 관련이 있는 상대방도 강아

CHAPTER 01

지를 키우고 있다면 업무메일에다가 용건을 말한 뒤에 강아지의 상태나 안부를 물으며 이야깃거리를 덧붙여 보내면 된다. 그렇게 강아지에 대한 이야기를 나누는 동안에 서로가 서로에게 개인적인 친분이 생긴 것 같은 느낌을 갖게 된다. 개인적인 공통 관계를 구축해 두면 설사 약간의 오해가 발생하더라도 본의는 그것이 아니라는 연락을 하기가 쉬워진다. 그리고 작은 부탁을 서로에게 하기에도 부담이 없어진다.

  같은 일을 하더라도 그 속에서 약간의 개인적인 관계를 구축할 수 있는가 없는가가 직장인으로서의 역량을 발휘하는 데 있어 척도가 될 수 있는데, 이것도 역시 글쓰기 능력과 깊은 관계가 있다. 글쓰기 능력이 있는 사람은 일시적으로 업무관계가 끊겼다하더라도 상대방에게 일 년에 한 번 정도 '일전에 이런 장소에서 귀하의 이름을 듣게 되었습니다. 너무 반가운 마음에 연락을 드리게 되었습니다…….'와 같이 지극히 자연스럽게 메일을 보내면서 인간관계를 유지할 수 있는 사람이라고도 할 수 있겠다. 특히 적절한 시점의 적절한 인사 글은 마음의 위로가 되고, 피로가 사라지는 듯한 느낌을 주기까지 한다.

  안부를 묻는 글을 쓰는 것은 때때로 귀찮게 여겨지는 일이기도 하지만, 직장인에게는 예의라는 측면에서 대단히 중요한 것이므로 한 마디 짧은 글로나마 메일을 보내는 습관을 들이는 것이 바람직하다.

　실용성만으로는 개인과 개인의 관계를 깊게 만들 수가 없다. 직장인이라면 늘 실용성과 개인의 감정의 교류를 두 바퀴와 같이 생각할 필요가 있다. 그것이 직장인의 글쓰기에 있어서의 첫걸음이라고 생각해도 좋다.

문서작성법을 바꾸면 인생이 바뀐다

'글쓰기 능력' 향상을 위한 기본연습

인류는 '쓰는 능력'으로 비약적인 진보를 이뤘다

인류가 다른 동물들과 크게 다른 점은 커뮤니케이션 능력의 풍부함, 그중에서도 언어를 발달시켰다는 데에 있다.

물론 동물도 울음소리나 짓는 소리를 통해 특정한 시그널을 주고받기는 한다. 그러나 언어가 없기 때문에 인간과 같이 복잡한 정보 교환은 불가능하다. 결국 언어를 가지는가 아닌가가 사람과 동물을 가르는 하나의 기준이라고도 할 수 있다.

본디 원숭이였다가 직립보행의 능력을 보유하게 된 인류의 선조(원인)로 진화한 시기는 여러 가지 주장이 있지만 대략 400만 년 전이라고 한다. 그러나 그 후로도 오랫동안 언어를 가지지 못한 채 그저 몸집이 큰 원숭이라고 해도 좋을 단계에 머물러 있었다. 그러다

CHAPTER 02

가 인류가 이족 직립보행의 능력을 가진 뒤 수십 수백만 년의 세월을 거치면서 인류의 목에 유전적인 변화가 생기고 구조가 바뀌었다. 그 결과 복잡한 발음을 할 수 있게 되면서 뇌도 폭발적으로 발달해 '언어=입으로 하는 말'을 획득하게 된 것이다.

이 언어의 습득으로 인류는 비약적인 발전을 하게 되는데, 더욱 그것을 가속화한 것이 바로 '문자=글로 쓰는 말'의 출현이다. 문자가 출현하고 정착한 것은 겨우 수천 년의 역사에 불과하지만, 인류에게 문자의 발명은 대단히 의미가 큰 일대 사건이었다.

서적의 출현으로 한 사람의 생각을 많은 사람들에게 전달할 수 있게 됐다. 서적의 영향력은 마침내 공간의 벽을 넘어 시간의 벽도 초월해 갔다. 인류는 소중한 지식을 시대를 넘어 후대에 전달할 수 있게 된 것이다. 그러한 의미에서 문명의 역사는 문장으로 표현되고 남겨짐으로써 새로운 발명이나 지혜를 후대에 전하고 활용해 온 역사라고도 할 수 있다.

그 속도는 인쇄기술이 발명되면서 더욱 본격화됐다. 대량의 서적이 쏟아져 나옴으로써 이전까지 손으로 옮겨 쓰던 필사의 시대와 비교하면 엄청나게 많은 사람들이 문명의 혜택을 누리게 된 것이다.

마침내 21세기를 맞이한 현재의 인류는 인터넷이라는 무기를 손에 넣고 새로운 진화의 역사를 쓰고 있다. 누구나 자신이 쓴 글을 전

세계의 모든 이에게, 그것도 순식간에 발신할 수 있게 된 것이다.

  이 인터넷의 출현을 통해 인류가 어떠한 세계를 만들어갈 것인가에 대해서는 아직도 명확한 이미지가 없는 상황이기는 하지만, 글쓰기 능력이 그만큼 중요해졌다는 사실만큼은 틀림이 없다.

'쓰기'는 '말하기'보다
더 공적인 행위이다

앞서 나는 화술과 문서작성술 두 가지를 병용해야 한다는 것을 중요하게 강조한 바 있다. 이제 그것에 대해 좀 더 심도 있게 들어가 보자.

앞에서 말한 바와 같이 인류의 역사를 살펴보면 말과 문자는 동시에 탄생한 것이 아니다. 먼저 말이 있었고, 나중에 문자가 생겼다. 아이들이 언어를 습득하는 과정을 보더라도 먼저 말을 배우고 나중에 문자를 배워 차츰차츰 글솜씨를 익히게 된다. 그러므로 '말하기'와 '쓰기'는 모두 언어에 기반하는 것임에도 불구하고 완전히 다른 행위라고도 할 수 있다.

원래 '말하기'는 그다지 큰 부담 없이 가벼운 마음으로 행할 수 있는 것임과 동시에 기본적으로는 사적인 행위이다. 그에 비해 '쓰기'는 우선 머릿속에서 생각을 정리할 필요가 있다. 그리고 말은 내뱉은 그 자리에서 바로 사라지지만, 글은 문자의 형태로 남아서 전달된다. 결국 말이란 쓰이는 순간 공공적인 것(퍼블릭)이 되어 버린다. 그런 만큼 글쓰기는 말하기에 비해 몇 배나 더 진중함이 요구되는 것이다.

예를 들어 친구들처럼 막역하고 아무런 부담이 없는 관계에서 생글생글 웃으며 "아이고, 저것도 정말 바보는 바보야."라고 말하면 친해서 그런 표현을 하는 것이라는 분위기가 그대로 전해진다. 그러나 문장으로 쓰는 경우, 그 문장의 전후에 분위기나 뉘앙스를 자세히 묘사하지 않으면 말하고자 하는 바가 제대로 전달되지 않아 심각한 오해를 불러올 수도 있다.

그것이 글의 무서움이기도 하거니와 충분히 주의를 기울여야 하는 이유이기도 하다.

말할 때의 단어 선택이
'쓰기'에서의 단어 선택의 훈련이 된다

글을 쓴다고 하는 기본적인 기능은 자신이 체험한 것이나 생각한 것의 의미를 명확히 하는 것이라고 할 수 있다. 체험한 것이나 생각한 것을 슬로 모션으로 영상을 통해 보여주듯이 언어를 통해 정착시킨 것이다.

경험이나 사고는 그대로 방치해 두면 시간이 지남에 따라 기억에서 사라지는 것이지만, 문서화를 함으로써 되돌려 읽거나 많은 사람들에게 전달할 수 있다. 이것이 글의 힘이다. 문자의 영속성을 활용하여 불안정한 것을 확정하고, 그 의미를 남기고 널리 전할 수 있는 것이다.

그러나 말이라는 것이 당사자가 나이를 먹어감에 따라 비교적 자연스럽게 몸에 익는 것과는 달리, 글쓰기는 배우고 익히지 않으면 자신의 것이 되기 어렵다. 그런 의미에서 평소에 거의 글을 쓰지 않던 사람이 매끈한 문장을 쓰기까지는 어느 정도의 훈련이 필요하다.

내가 권하는 가장 간단한 훈련법은 대학교수의 강의나 텔레비전 뉴스 해설자가 정리한 내용을 메모하면서 듣고, 그것을 다시 문장으로 적어 보는 방법이다.

들은 것을 메모해서 그것을 다시 문장으로 재현한다는 것은 받아쓰기를 하는 것처럼 생각할 수 있지만 사실 그렇게 간단한 일이 아니다. 완전히 별개의 작업이라고 해도 좋다. 실제 이 작업을 고교생과 대학생에게 시켜본 적이 있는데, 많은 학생들이 "듣는 동안에는 그 의미를 완전히 이해했다고 생각했는데, 막상 다시 글로 옮기려고 해보니 뜻대로 되지 않았다."고 말한다.

그것은 당연하다. 말로 하는 이야기는 바로 그 자리에서 소비되는 것을 전제로 한다. 사람에 따라서는 문단의 구분도 없고 쉴새도 없이 말하는 사람도 있는가 하면, 하나의 결론을 말하지도 않고 다른 이야기로 넘어가는 사람도 있다. 말하자면 구두로 전개하는 말은 카오스(원래 그리스 신화에 나오는 신으로 혼돈을 상징한다)와 같은 것이다. 같은 내용을 전달하고자 해도 그 자리의 분위기나 흐름에 따라 전혀 다른 것이 되기도 한다. 그래서 그것을 깔끔하게 정리하는 작업

CHAPTER 02

은 그리 쉬운 일이 아니다.

그런데 재미있는 것은 이 훈련을 반복하면 반복할수록 누구나가 비교적 쉽게 핵심을 파악하고 어렵지 않게 문장으로 정리할 수 있다는 것이다.

문장은 건축물이다, 3단계 프로세스로 쌓아 올려라

　말로 표현하는 것을 카오스라고 한다면 문장은 코스모스(질서)이다. 다른 말로 하자면 건축물이라고 할 수 있다. 우리는 우선 이것을 분명히 인식할 필요가 있다. 그것을 의식하면서 발상을 하고, 실제로 문장을 써 보면 누구나 일정 수준 이상의 글을 쓸 수 있게 된다.

　글을 쓸 때의 기본적인 프로세스는 다음의 세 가지이다.

① 쓰고자 하는 테마(혹은 깨달음, 주장)를 발견한다

② 테마로부터 세 가지 키 콘셉트(말하고 싶은 내용)를 만든다

③ 세 가지 콘셉트를 연결하여 글의 틀을 구축한다

　이 프로세스를 몸에 익히면 소논문이나 기획서, 평론과 같이 논리적이면서도 객관적인 문장을 작성하는 데 매우 도움이 된다.

CHAPTER 02

글을 쓴다고 하면 새하얀 원고지 한 칸 한 칸을 채워가는 것이라고 생각하는 이들이 많지만 사실 그렇지 않다. 개중에는 무엇을 쓸 것인가에 대해 전혀 정하지 않고 떠오르는 생각을 적어 내려가는 동안에 조금씩 형태가 잡히고 마침내 훌륭한 읽을거리가 완성된다는 사람도 있을 것이다. 소설가 가운데는 이런 방식으로 명문을 건져내는 이들도 있다. 그러나 그럴 수 있는 사람은 드물다. 소설가들도 대개는 사전에 플롯(스토리의 요약)을 가지고 글을 쓰기 시작하는 경우가 대다수이다. 아무런 사전준비도 없이 명문을 쓸 수 있는 사람은 보통 사람들보다 훨씬 많은 글을 평소부터 써온 명인임을 잊어서는 안 된다.

대다수의 사람들은 기본적인 계획조차 없이 글을 쓰기 시작하여 끝내기도 전에 중간에 포기하거나 몇 번이고 다시 쓰지 않으면 안 될 것이 불 보듯 뻔하다. 그 결과 상당한 시간이 걸리는 작업이 되기 마련이다. 게다가 완성도가 낮아질 가능성도 높다. 그것을 피하기 위해서는 역시 생각을 메모하는 프로세스를 밟아 가는 것이 최선이다. 우선 머릿속에 떠오르는 생각을 메모하고 쓰고자 하는 내용을 정리해서 쌓아 올린다. 메모에 기초하여 글을 쓰자는 것이다.

글쓰기에 익숙한 사람 중에는 메모를 따로 하지 않는 경우도 있지만, 그런 사람들은 대개 아무런 준비를 하지 않은 것이 아니라 평소 머릿속에 명확하게 그림이 그려져 있는 것이다. 결코 즉흥적으로 글을 쓰는 것이 아니다. 따라서 글쓰기 능력을 얻고자 하는 사람들은 나만의 메모를 만드는 것이 그 첫걸음이라는 사실을 명심해야 한다.

컴퓨터와 인터넷의 도움으로 '글쓰기 능력'은 크게 도약했다

문자라는 수단을 통해 기록을 시작한 지 수천 년이 지났는데, 20세기 들어 인류는 컴퓨터와 인터넷이라는 새로운 수단을 손에 넣었다. 이것들에 의해 커뮤니케이션의 폭을 더욱 넓히는 데 성공한 것이다. 결과적으로 글쓰기에도 질적인 변화가 일어났다.

원고지의 빈칸을 한 자 한 자 채워 넣는 것이나, 리포트 용지의 한 줄 한 줄을 써 내려가는 작업은 매우 힘든 것이었다. 어디서부터 시작할 것인가, 어떻게 결말을 맺을 것인가 한참이나 고민한 끝에 펜을 들었다. 써 내려가는 도중에라도 아니다 싶으면 처음부터 다시 쓰기를 몇 차례. 그런 작업을 되풀이하면서 겨우 한 편의 글을 완성하는 것이 이전까지의 글쓰기였다.

또 수작업으로 퇴고를 거듭한 결과 원고지가 너덜너덜해지기도 했다. 그래서 정식 문서로 제출해야 하는 경우에는 새로 깨끗하게 정서할 필요가 있었다. 정서를 하고 나서 다시 잘못된 부분을 발견했을 때는 눈앞이 캄캄해졌다. 여차하면 다시 처음부터 작성해야 했기 때문이다.

그러나 워드프로세서나 컴퓨터가 등장한 이후에는 나중에 수정하거나 배열을 바꾸는 편집이 너무나 쉬워졌다. 그런 의미에서 컴퓨터는 문장의 구성력을 강화하는 데 대단히 적합한 툴이라고 할 수 있다. 시간을 낭비하지 않고 글을 쓸 수 있고, 그것을 나중에 얼마든지 수정하고 퇴고할 수 있기에.

나 자신도 수기로 시작해 워드프로세서, 이어서 컴퓨터를 활용하게 되면서 글쓰기 능력이 비약적으로 늘었다고 느낀다. 메모는 아직도 손으로 쓰지만, 다른 사람들에게 읽힐 내용을 작성하는 것은 컴퓨터를 사용하는 것이 당연해졌다. 모처럼 이렇게 좋은 수단이 존재하는데 이를 활용하지 않을 이유가 없는 것이다.

자신의 글쓰기 능력을 더욱 높이고 싶다면 컴퓨터를 적극적으로 활용할 필요가 있다.

컴퓨터에 틈나는 대로 기록하여
아이디어 창고를 채워라

　나는 컴퓨터를 활용하게 되면서부터 비약적으로 많은 논문을 쓸 수 있게 되었다. 쓰는 속도가 내 생각의 속도에 거의 가까워진 까닭이다. 손으로 쓰는 것보다 타이핑을 하는 것이 훨씬 빠르기 때문에 생각을 거의 그대로 문자화할 수 있다.

　또 컴퓨터를 활용함으로써 문장의 편집이 대단히 쉬워졌다. 하나의 논문을 완성하기 위해서는 다양한 자료를 활용해야 한다. 그러나 실제 논문을 작성할 때는 제한된 매수로 정리해야 한다. 어렵게 모은 자료라 할지라도 모두 논문에 담을 수는 없는 일이기에 어쩔 수 없이 빼야 하는 자료들도 상당하다. 컴퓨터는 그런 작업을 하는 데 있어 대단히 편리한 도구이다.

테마를 정해서 무엇인가를 쓰려고 할 때 많은 것을 전해주고 싶은 욕심에 점점 양이 늘어나게 된다. 그 결과 정해진 매수를 넘기게 되고 마는 것이다. 그렇다면 최소한의 필요한 자료만을 수집하면 될 것이 아닌가 하고 말할 수도 있겠지만, 처음부터 매수만을 의식해 자료를 수집한다면 이번에는 깊이가 없는 문서만을 만들어 낼 뿐이다. 그것을 피하기 위해 우선은 도움이 될 만한 자료들을 마음껏 모아 문서화하는 것이 좋다. 그렇게 전체를 완성한 뒤에 필요 없는 부분을 삭제하면서 편집하면 되는 것이다. 이런 작업을 하는 데 컴퓨터는 정말로 요긴한 도구이다. 컴퓨터의 기능을 활용하면 수정이나 삭제를 너무나 쉽게 할 수 있고, 잘라내기와 붙여넣기 기능을 활용하면 전후 문단의 배치도 얼마든지 바꿀 수 있다.

또 일단 작성해 둔 문장을 언제든지 유효하게 활용할 수 있다는 것도 큰 메리트이다. 미리 작성해 둔 문장을 이번 글에는 사용하지 않는다 하더라도 개중에는 다음 글감으로 활용할 수 있는 내용이 한두 개는 반드시 있기 마련이다. 이렇게 평상시에 떠오른 생각을 글로 정리해 두면 그것을 바탕으로 새로운 논문을 작성할 수도 있다. 지금 쓰고 있는 논문 작성이 끝나자마자 다음 논문을 쓰기 위한 준비가 되어 있는 것과 같다. 결국 컴퓨터가 하나의 아이디어 창고가 되어, 그로 인해 새로운 테마가 떠오르기도 하는 것이다.

CHAPTER 02

그것을 말하자면 '인간희극'과 같은 것이라고도 할 수 있겠다. '인간희극'은 발자크가 쓴 일련의 작품군을 말하는데, '작품 A의 조연이 작품 B의 주연이 되기도 하고, 작품 B의 조연이 작품 C의 주연이 된다.'는 식으로 계속해서 작품이 이어지는 구조이다. 이 기법은 나중에 '인물재등장법'이라고도 불리게 되는데, 그와 마찬가지로 쓰면 쓸수록 아이디어가 넓어지고 새로운 이야기를 전개할 수가 있다. 발자크는 이 기법을 이용하여 무려 91편의 작품을 남겼다.

논문 작성이 어렵다는 사람을 옆에서 지켜보면, 하나의 논문을 작성하는 데 너무나도 신경을 쓴 나머지 나중에 떠오른 생각을 삽입하거나 삭제하기를 반복할 뿐 좀처럼 완결을 짓지 못하고 고생하는 것을 많이 볼 수 있다. 그래서는 주어진 논문을 완성하는 것도 어렵지만 다시 다음 논문의 테마를 잡기도 그만큼 어렵게 되는 것이다.

무엇인가 글을 쓰고자 한다면 미리 소재를 컴퓨터 안에 많이 담아둘 필요가 있다. 그리고 그것을 리스트와 같이 한눈에 찾아보기 쉽게 해 두어야 한다. 그렇게 하면 선순환이 시작되어 쓰면 쓸수록 계속해서 새로운 테마가 떠오르고, 점점 멋진 문장을 완성할 수 있게 된다.

문장에 필요한 것은 '발견'과 '새로운 관점'이다

우리가 흔히 접할 수 있는 문장의 하나로 '신문기사'를 들 수 있다. 신문기사는 기본적인 문장력을 다듬는 데 견본으로 삼을 수 있는 재료라 할 만하다.

그러나 신문기사는 '천성인어'^{天聲人語 | 일본 아사히신문에 실린 사설들을 계절별로 묶어 발행한 책 – 역주}와 같은 칼럼을 제외하면 기본적으로 감정을 배제한 글이다. 사실관계와 원인, 결과, 영향 등을 제한된 문자 수로 표현하지 않으면 안 되기 때문에 아무래도 무미건조해지기 쉽다. 누가 쓰더라도 대개 비슷한 문장이 되어 버리는 것이다. 그래서는 실용적인 문장이라 할지라도 사람을 감동시키는 문장, 즉 '읽게 만드는' 문장은 되지 못한다.

CHAPTER 02

그렇다면 읽게 만드는 힘이 있는 문장이란 무엇인가? 그것은 그 안에 '발견'이나 '새로운 관점'이 포함된 문장을 말한다. 다른 말로 하자면 읽은 사람을 감동시킬 수 있는 요소가 있는가 없는가, 쓰는 이의 '독자적 인식'이 있는가 없는가를 말한다.

원래 사람이 누군가에게 순수하게 무엇인가를 알려주고 싶을 때는 자신이 지금까지 알지 못했던 무엇인가를 알게 되었거나 발견했을 때이다. 그러한 감정이 촉발되었을 때 무엇인가를 쓰고 싶어지는 것이기도 하다. 예를 들어 좋은 그림과 조우하여 감동을 받았을 때 "좋은 그림을 봤거든."이라고 전화를 하거나 그 그림을 사진 찍어 보내 주는 것만으로는 무엇인가 부족함을 느낄 수도 있다. 아무래도 왜 좋은 그림이라고 생각하게 되었는지, 왜 감동을 받았는지에 대해 문장으로 남기고 전함으로써 감동을 공유하고 싶어지는 것이다.

자신의 신변잡기를 통해 새로운 발견을 하거나 새로운 관점을 갖게 되는 것, 그것을 인식하고 많은 이들과 공유하는 것이야말로 커뮤니케이션의 원점이다. 이것은 대단히 중요하다. 결국 당신만이 알고 있는 어떤 것을 전해 주고자 하는 마음이야말로 바로 글을 쓰는 데 가장 중요한 것이다. 딱히 특별한 문장력이 없다하더라도 '발견'이나 '새로운 관점'이 있다면 독자를 감동시킬 수가 있다.

때때로 명문장가의 문장을 흉내 내어 '기름칠한' 문장을 쓰는 사람들이 있다. 그러나 그것은 그다지 권장할 만한 것이 못 된다. '발견'이나 '새로운 관점'이 없으면 아무리 유려한 문장으로 쓰여졌다 하더라도 사람의 마음을 감동시킬 수 없기 때문이다.

  물론 명문장가의 문장을 배우는 것은 고대로부터 이어져 온 문장 수행법의 하나이므로 하지 않는 것보다는 하는 것이 낫다. 그러나 그것을 자신의 피와 살로 만드는 데는 상당한 시간이 걸린다. 대개의 경우 문장의 표현에 신경을 빼앗겨 내용은 부차적인 것이 되기 쉽다. 그래서 그런 사람들의 대부분은 어디선가 인용한 냄새가 나는 문장들이 나열되어 있는, 내용 없는 글밖에는 쓸 수 없는 것이다. 특히 비즈니스 문서에 있어서 그러한 문장은 역효과가 더 크다고 할 수 있다.

  문장 자체는 심플해도 좋다. 자신의 언어로 작성된 문장에 의해 읽는 사람이 무엇인가 영감을 받을 수 있는, 그런 문장을 구사할 수 있는 사람이 되는 것을 최종 목표로 삼았으면 한다.

  이렇게까지 문장 안에 '발견'이나 '새로운 관점'이 있어야 한다고 강조하는 까닭은 그것을 제시하는 힘을 요구하는 시대에 우리가 살고 있기 때문이다. 현대라고 불리는 요즘만큼 문서가 일반화되고 보급된 시대는 없었다. 사적인 공간이든 공적인 공간이든 문서화된 정보를 바탕으로 사회가 돌아가 어디를 가든 문서를 제출하라고 하는

CHAPTER 02

세상이라는 말이다. 그만큼 개개인의 문서작성 능력이 과제가 되는 시대이기도 하다.

예를 들어 직장인이 기획서를 쓸 때 단순히 데이터를 나열하는 것만으로는 좀처럼 기획의도를 전달할 수 없다. 이때 특별히 주목해야 할 '발견'이나 '새로운 관점'을 정확하게 제시함으로써 많은 사람들에게 호소력 있게 전달할 수 있다. 만약 당신이 그것들을 발견할 수 있는 힘을 소유하고 있다면 기획서를 쓰는 데 있어서도 그런 역량이 충분히 발현될 것이다.

그런 힘이 발휘되는 때는 '쓸' 때만이 아니다. 일상적인 회의에서도 발휘될 수 있다. 예를 들어 사내 회의에서 "의견이나 아이디어가 있으면 발언해 주십시오."라고 할 때에 "아무런 의견이 없습니다."라고 한다면 모두가 당신에 대한 흥미를 잃어버리게 된다. "저 사람에게는 뭘 물어봐도 의미가 없어."라고 낙인이 찍힐 수도 있는 것이다. 그에 비해 인식 능력이나 관점을 바꾸는 능력을 가진 사람이라면 "저는 이렇게 생각합니다. 그 이유는 이러저러합니다."라고 명확하게 밝힘으로써 회의석상에 있는 모든 사람들의 마음을 휘어잡을 수 있다.

그렇게 드러나는 '발견'이나 '새로운 관점'으로 이어지는 아이디어는 당신의 가치를 더욱 높여 줄 것이다.

'발견을 제시하는 능력'은 에세이를 통해 키워라

　대학 수업에서 학생들을 4인 1조로 나눠 '초등학교 수업에서 논어를 다루는 좋은 방법은 무엇인가?'를 테마로 과제활동을 할 때의 일이다. 한 학생이 트럼프와 같은 '논어 카드'를 만들어서 수업을 하면 어떤가 하는 제안을 했다.
　그 자체는 스쳐 지나가는 생각이었을지도 모른다. 하지만 논어를 친숙하게 느낄 수 있도록 하는 데는 상당히 좋은 아이디어이다. 이미 시중에 논어 카드가 나와 있기는 하지만, 그 학생에게는 새로운 '깨달음'이고 그것을 제시한 데 커다란 의의가 있다고 생각한다.
　그런 새로운 아이디어는 존경받아야 마땅한 대상이다. 그때 나는 "다 같이 저 학생에게 박수를 쳐주자."고 했다. 그것이 모티베이션

CHAPTER 02

이 되어 학생들이 '좀 더 나은 것은 없을까?' 하고 적극적으로 참여하려는 마음가짐을 가지기를 바랐기 때문이다. 무슨 천지가 개벽할 만한 발견이나 아이디어가 아니라도 좋다. 아주 작은 것이라도 좋으니 새로운 것을 찾아내고 그것을 제시하는 것. 커뮤니케이션을 하는 가운데 새로운 가치관이나 의미를 창조하는 일이 중요하다.

그것은 문장을 쓰는 경우에도 마찬가지다. 우리에게 필요한 것은 발견이나 새로운 관점, 깨달음이 담긴 문장이다. 그런 문장이라면 읽는 사람들이 반드시 '아, 이런 생각도 있구나.', '그렇게 생각해 본 적은 없었네.', '그거 재미있는 생각이네.'라고 느끼는 법이다. 결국 읽는 이의 감성을 높이고, 나아가 상상력을 자극하는 힘을 가지고 있는 것이다.

그러면 사람의 마음을 움직이고 감동시키는 아이디어를 발견하고 제시하는 능력을 키우기 위해서는 어떻게 하면 좋은가?

나는 일상적으로 에세이를 적어볼 것을 권한다. 원래 에세이와 기획서는 문장 스타일이 완전히 다른 별개의 것이다. 극히 단순화해서 말하자면 에세이는 본인의 심정을 드러내는 것이며, 기획서는 생각을 정리해서 최종적으로 '이렇게 하자!'고 제시하는 것이라고 할 수 있다.

그러나 양쪽 모두 '새로운 무엇인가를 발견하고 제시한다'는 점에서는 같다고 생각한다. 심정만이 있는 에세이나 데이터만 있는 기획서는 사람의 마음을 움직일 수 없다. 기왕에 글쓰기를 배우는 것이라면 '에세이와 같은 기획서를 쓴다'거나 '기획서와 같은 에세이를 쓴다'는 것을 염두에 둘 필요가 있다.

에세이를 쓰든 기획서를 쓰든 깨달음이나 발견, 새로운 인식을 명확하게 드러냈으면 하는 바람이다. 양쪽 모두 데이터나 논리가 분명히 서 있어 작성자의 열정이 전달되어야 한다고 생각하기 때문이다. 그러한 의미에서 에세이와 기획서는 서로 이어져 있다. 에세이를 잘 쓸 수 있게 되면 솜씨가 드러나는 기획서도 쓸 수 있게 된다.

일상적으로 에세이를 쓰는 습관을 몸에 익힘으로써 독특한 관점을 자유자재로 활용해 보자. 그렇게 되면 문장력이 날로 향상되는 것은 말할 것도 없거니와 당신의 가치관이나 감수성도 분명 변한다. 나아가 인생 그 자체가 재미있고 의미 있는 것으로 바뀌게 될 것이다.

'문맥을 이어가는 힘'은
이렇게 키워라

글쓰기에 필요한 힘은 두 가지가 있다. 첫 번째는 앞에서 이야기한 '발견'과 '새로운 관점'이다. 그것은 '새로운 인식을 얻는 힘'이라고 바꿔 말할 수 있다. 또 하나는 '문맥을 이어가는 힘', 즉 '문장력'이다.

예를 들어 이야기를 해 보라고 하면 이런저런 이야기를 잘 하던 사람이 글로 써 보라고 하면 머리를 쥐어짜는 모습을 보이는 경우가 있다. 그 이유는 문맥을 이어가는 힘이 부족하기 때문이다. 재미있는 이야깃거리를 많이 가지고 있음에도 그 가운데 몇 가지를 정리해 하나의 맥락을 만들지 못하기 때문이다.

이를 극복하기 위해서는 훈련이 필요하다. 훈련법에는 여러가지가 있지만 그중에 가장 좋은 것은 다른 사람의 이야기를 들으면서 메모를 하고, 그것을 연결해 하나의 문장으로 만들어 보는 것이다.

메모를 하면서 다른 사람의 이야기를 듣고, 나중에 메모를 보면서 '이 이야기와 이 이야기는 어떻게 연결되는 것인가?'를 의식하며 그 간격을 메워 보는 것이다. 인터뷰를 바탕으로 쓰인 책은 바로 이런 방식으로 만들어진 것이 많다.

이런 훈련을 하라고 하면 자신이 대화 현장에 있었기 때문에 이야기를 정리하는 것이 간단하다고 생각하는 사람이 많지만, 막상 그것을 자신의 손으로 정리해 써 보라고 하면 좀처럼 쉽지 않다. 대화에서는 논리보다는 그 자리의 분위기가 중시되기 쉽고, 이야기의 순서가 엉키거나 이야기의 줄기가 끊어지는 경우도 있다. 개중에는 이야기의 절반 정도가 여담으로 채워지는 경우도 있기 마련이다.

그렇게 여기저기 흩어져 있는 문맥을 찾아 정리하기 위해서는 우선 의미가 있는 부분만을 취사선택하는 능력이 필요하다. 그 다음으로는 그 의미가 있는 부분들을 연결하는 힘이 필요하다. 문장의 순서를 바꾸거나 필요 없는 부분을 과감히 삭제하거나 해서 알기 쉬운 문장으로 완성해가는 것이다.

처음에는 아무래도 어렵게 느껴질 것이다. 그러나 그것을 반복하는 가운데 머릿속에 '문맥을 잇는' 회로가 생기게 된다. 거기까지 되면 그 다음은 쉽다. 자신이 문장을 쓰려고 할 때 그 회로를 풀가동해서 활용하기만 하면 되는 것이다.

자신의 '문맥력'을 실감하게 되면 더욱 더 문맥을 이어 가는 힘이 배증된다.

우선 체득해야 할
원고지 10장 메우기

나는 우선 원고지 10장(4,000자)을 채울 수 있는 글쓰기 훈련이 필요하다고 항상 생각한다. 그리고 이야기가 걷기와 같다면 글쓰기는 달리기와 같다는 생각을 가지고 있다.

우리가 특별한 훈련을 하지 않아도 먼 거리를 걸을 수 있는 것과 마찬가지로, 특별한 훈련을 하지 않아도 오랜 시간 이야기를 할 수는 있을 것이다. 그러나 먼 거리를 달려야 한다면 이야기는 달라진다. 처음 달려 보는 사람이 느닷없이 10킬로미터를 달린다고 하면 무리가 따를 수밖에 없다. 그 나름의 훈련을 거듭하면서 서서히 거리를 늘려나가지 않으면 안 된다. 글쓰기는 그런 달리기와 같다.

내 감각으로는 400자 원고지 1장이 1킬로미터에 해당한다. 원고

CHAPTER 02

지 10장은 10킬로미터에 해당한다는 이미지이다. 그 정도 거리를 갑자기 달리라는 말을 듣는다면 대부분의 사람들은 엉덩이를 뒤로 뺄 것이고, 아무런 훈련도 없이 그 거리를 달리는 일은 우선 무리일 것이다. 그러나 실제로 10킬로미터를 달리는 정도의 트레이닝 그 자체는 그리 어렵기만 한 것은 아니다. 거리를 조금씩 늘려 가다 보면 빠른 사람은 수 주 만에, 아무리 늦은 사람도 반 년 정도면 달릴 수 있게 된다. 원고지 10장을 부담 없이 써 내려가는 능력도 대개 이 정도의 훈련량이라고 할 수 있다.

우선 이 10킬로미터를 어떻게든 주파하는 것이 중요하다. 10킬로미터를 달릴 수 있게 되면 누구나 자신감이 붙는다. 10킬로미터를 달릴 수 있다는 자신감을 바탕으로 보다 더 먼 거리에 도전하는 용기가 끓어오른다. 글쓰기도 그와 마찬가지이다. 우선 원고지 10장을 메울 수 있는가 없는가가 글쓰기를 잘하는 사람이 될 수 있는가 없는가의 분기점이 된다.

원고지 3~5장 정도는 훈련이 없어도 어떻게든 쓸 수 있을지도 모르겠다. 그러나 10장이 되면 쓰기 시작하기 전에 메모나 레쥐메를 만들어 글 전체의 모습을 구상해야 한다. 그리 간단히 쓸 수 있는 양이 아니기 때문에 아무래도 그 나름의 훈련이 필요한 것이다.

그러나 계속 쓰다 보면 원고지 10장 정도의 문장은 누구나 쓸 수 있게 된다. 5장밖에는 쓸 수 없었던 사람이 7장, 10장을 쓸 수 있게 되는 것이다. 그리되면 보다 많은 매수의 글쓰기에도 흥미를 가지게 될 것이다. 그래서 100장의 논문을 작성할 수 있게 될 정도가 되면 30장의 논문을 쓰라고 했을 때 '아, 짧구나.'라고 부담 없이 느끼는 때가 오는 것이다.

  10장 쓰기의 의미를 알고 쓰는 경우와 모르고 쓰는 경우는 정신적인 피로도도 완전히 다르다. 10장의 글을 써본 적이 한 번도 없는 사람은 '도대체 언제 끝나는 거야?'라는 불안에 휩싸이게 된다. 그러나 한 번이라도 써본 적이 있는 사람은 자신이 현재 어디에 있는가를 알고 있기 때문에 그 스트레스는 전자의 절반 이하가 될 것이다. 그 결과 훈련을 하는 동안에도 그다지 고통을 느끼지 못하고 보다 더 긴 글을 쓸 수 있게 되는 것이다.

  예를 들어 한 권의 책은 원고지 300장 정도의 분량인데, 하루에 10장을 쓴다면 한 달 만에 완성할 수 있게 된다. 처음에는 질은 너무 생각하지 말고 양을 최우선 목표로 하는 것이 중요하다. 뭐가 되었든 많이 쓰기만 하면 된다는 기분으로 써 내려가면 된다.

  우선은 원고지 10장, 4,000자를 목표로 해 보자.

  그것을 돌파하면 기본적인 글쓰기 능력을 몸에 익혔다고 보아도 좋으며 언젠가는 한 권의 책을 쓸 수 있게 되는 것이다.

글을 쓰기 전의
아이디어 발상법

 글을 쓰는 데 가장 먼저 해야 할 일은 '무엇을 쓸 것인가'를 결정하는 것이다.

 소설가라면 자신이 테마를 정하고 글을 쓰기 시작하기 마련이지만, 보통 사람들은 누군가가 글감의 테마를 정해 주고 그에 관한 글을 쓰라는 경우가 많다. 그런 경우 필요한 내용만을 조목별 쓰기를 한다면 누구도 감동을 받을 리가 없을 것이다.

 그래서 필요한 것이 사람의 마음을 움직일 수 있는 글쓰기를 위한 '소재 만들기'이다. 자신이 쓰는 문서에 어떤 소재를 넣으면 테마에 잘 맞는 동시에 읽는 사람을 매료시킬 수 있는가를 의식해야 한다.

 먼저 써야 할 내용을 메모해 보자. 테마를 다른 사람이 정해 준 것이든, 자신의 내면에서 끓어오른 것이든 익숙해지면 그렇게 힘든 작업은 아니다. 생각나는 순서대로 열거해 보자.

어쨌든 생각나는 단어들을 계속해서 종이에 적어 보자. 좀처럼 생각이 떠오르지 않는 사람들은 다른 이에게 상담을 요청해도 좋다. 이런저런 이야기를 나누다 보면 많은 단어들이 떠오르게 된다. 그것을 놓치지 말고 메모해 두면 되는 것이다.

몇 가지 아이디어가 떠올랐다면 그 시점에 핵심이라고 생각되는 단어에 이중 동그라미나 삼중 동그라미를 쳐 본다. 그것들이 아마도 키워드가 될 것이다.

그렇게 키워드가 될 만한 단어들이 정리되었다면 이제 그것을 그룹으로 묶어 본다. 그렇게 함으로써 무엇이 중요한 테마인가가 저절로 떠오르게 된다. 바로 그것이 당신이 써야 할 중요 테마이다.

그룹으로 묶는 작업이 끝나면 무엇을 1번, 무엇을 2번, 3번으로 할 것인가를 생각하면서 번호를 매겨 나간다. 그러고 보면 산만하게 여기저기 흩어져 있던 단어들 속에서 이렇게 문장을 구성하면 좋을 것인가, 즉 레쥐메가 보이게 되는 것이다.

여기까지는 말하자면 준비 단계이므로 그 상태에서 곧바로 글을 쓰기 시작해서는 안 된다. 글을 쓰기 전에 우선 '마지막 문장'과 '타이틀'을 결정해야 한다.

먼저 마지막 문장을 정해 두고 타이틀을 고민하라

　글이라는 것은 쓰다 보면 어느새 문맥이 뱀이 지나간 자리처럼 비뚤어지기 쉽다. 글을 쓰는 자신도 목표가 보이지 않게 되어 끝내 수습을 하지 못하게 되는 경우도 볼 수 있다.

　그래서 처음에 최종 골이 될 '마지막 문장'을 결정해 두지 않으면 안 된다. 마지막 문장을 정해두고 '어떻게든 여기까지 이어가면 글을 완성할 수 있다'는 안도감이 있으면 중간에 문장이 흔들려도 계속해서 나아갈 수 있는 것이다. 단, 이 마지막 문장이 범용적인 것이어서는 감흥을 줄 수 없다. 많은 사람들이 글을 쓰려고 할 때 결국에는 도덕적인 단어들로 글을 마무리하려는 경향이 많지만 그래서는 힘 있는 문장을 쓸 수 없다.

예를 들어 어떤 프로젝트에 대해서 그 추진 방법에 대한 글을 쓴다고 하자. 그때 '역시 팀워크가 중요하다'라고 마무리한다면 너무나도 당연한 말이라서 읽는 사람의 마음에 큰 영향을 주지는 못할 것이다. '그야 그렇지' 하는 무난한 반응으로 끝나는 경우가 태반이다. 그러한 결말을 타파하기 위해서는 '팀워크가 중요하다'는 표현을 다른 관점에서 바라보고 다른 단어로 표현할 필요가 있다.

당신이 '결론적으로 팀워크가 매우 중요하다'는 이야기를 하고자 한다면, '팀워크'라는 이 뻔하디 뻔한 단어를 평상시와는 다른 단어로 바꿔 배치해야 한다.

예를 들어 고등학교 시절의 동아리활동으로 농구를 한 적이 있는 사람이라면, 팀워크를 발휘해 극적인 승리를 한 기억을 떠올려 보라는 것이다.

그때 팀이 하나가 되어 잘 움직이게 된 이유는 무엇인가? 감독이 시합을 앞두고 모두에게 건넨 고무의 말인가, 경기 중에 주장이나 선배가 활약하며 보여준 뒷모습인가, 아니면 벤치에 있아서 열심히 응원한 후보들인가. 세심하게 검토를 하는 가운데 '팀워크'라는 한 마디에 여러가지 다른 측면이 있음을 알게 된다.

그렇게 세세하게 생각을 다듬어 가는 동안에 상투적인 '팀워크'라는 단어보다는 한발 앞선 결론을 내릴 수 있을 것이다. 그것은 당신의 독자적인 감성이 담긴 것이며 읽는 사람으로 하여금 새로운 발견을 느낄 수 있게 한다.

혹은 '팀워크'를 단순히 다른 단어로 치환하기만 하더라도 효과를 볼 수 있다. 농구경기를 할 때 팀 동료와의 호흡이 너무 잘 맞는 것이 마치 팽팽하게 당겨진 실뜨기의 실과 같았다고 하자. 그런 기분을 살려 '팀워크'를 '실뜨기 감각'에 비유하는 것도 방법이다. 이미지로, 언뜻 관계없는 것처럼 생각되는 것들을 결합함으로써 새로운 의미를 낳을 수 있다.

그렇게 마지막 문장을 결정했다면 이어서 타이틀을 고민해야 한다. 타이틀은 문장의 스타트인 만큼 그 한 문장으로 읽는 이의 마음을 잡을 수 있는가 없는가가 결정된다. 따라서 대단히 중요하다.

개그맨들이 흔히 말하기를 '바람 잡는 것'이 중요하다고 하는데 글쓰기에도 그래서 타이틀이 중요하다. 예를 들어 '프로젝트 성공의 열쇠는 실뜨기 감각에 달렸다!'는 식의 타이틀을 붙이는 것이다.

'프로젝트 성공'과 아무런 관계도 없는 '실뜨기'라는 단어가 어디서 어떻게 이어질 수 있는가……. 여기까지 하면 이제는 그 결론을 향해 수수께끼를 풀어내듯 써 내려가면 된다.

통과점을 정해 두고
삼단논법으로 문장을 구성하라

　결론이 되는 마지막 문장을 결정하고 스타트의 타이틀을 정했다면 그 다음은 어떻게 문장을 이어지도록 할 것인가, 즉 통과점을 정하는 것이다.

　이때 사용하는 것도 '소재 만들기' 단계에서 작성해 두었던 메모들이다. 동그라미를 쳐 둔 단어 세 개 정도를 선택해 그것을 스타트와 골 사이를 이어 주는 통과점으로 설정하는 것이다.

　삼단논법이라는 단어는 들어 본 적이 있을 것이다. 글을 대전제, 소전제, 결론의 순으로 추론하는 방법으로 예를 들자면 다음과 같다.

　대전제 : 인간은 죽는다

소전제 : 소크라테스는 인간이다

결론 : 그러므로 소크라테스는 죽는다

사람은 이러한 논리의 중첩과 만나게 되면 결국 수긍할 수밖에 없다. 그렇다고 해서 너무 많은 논점을 다루게 되면 오히려 역효과가 일어난다. 쓰는 쪽은 정리를 하는 것이 과제가 되고, 읽는 쪽은 혼란에 빠지기 쉽다.

어지간한 문장력을 가진 사람이 아니라면, 강 가운데 놓인 세 개의 징검다리를 건너 반대편에 도착한다는 이미지를 가지고 세 가지 논점으로 압축해 그것을 순서대로 쓰는 것이 좋다. 그것이 좋은 문장을 쓰기 위한 가장 적당한 방법이다.

업무의 성패는 문장력에서 결정된다

비즈니스 문서작성법의 모든 것

비즈니스 세계에서
생존하기 위한 필살기, '글쓰기 능력'

과거에는 비즈니스와 글쓰기 사이에 어느 정도의 거리가 있었던 것이 사실이지만, 인터넷과 이메일이 보급되면서 글쓰기와 비즈니스가 직결되는 시대가 되었다는 것은 이미 여러 번 설명했다. 그 결과 지금은 '좋은 글을 쓸 수 있는 능력'이 업무를 추진하는 데 커다란 비중을 차지하고 있다. 어떤 글을 쓰느냐에 따라 그 사람의 업무 능력을 판단하는 상황에까지 이른 것이다.

그렇다면 좋은 평가를 받는 글쓰기는 무엇을 염두에 두면 좋은가, 특히 비즈니스 상황에서 어떻게 글을 쓸 것인가에 관해 이 장에서 설명하고자 한다.

비즈니스 문서작성에서 무엇보다도 중요한 것은 인간관계를 정확하게 파악하는 능력이다. 상대방이 어떤 입장에 있는 사람인가, 자신과의 사회적 관계는 어떠한가를 인식한 뒤에 거기에 맞는 거리감으로 문서를 작성해야 한다. 사회적 관계를 파악하고 글을 쓰는 것이므로 당연히 적절한 존경어를 사용할 수 있는 능력이 필요하다.

오히려 존경어 사용은 비즈니스 문서작성의 전제조건이라고도 할 수 있다. 그 전제조건을 충족한 뒤에 상대방과의 미묘한 거리감, 상하관계에 맞는 문체를 구사해야 한다. 문체의 다양성을 가지고 있지 않으면 그 거리감을 제대로 표현할 수 없어 무례하게 비칠 수도 있고, 사회성이 부족하다는 인상을 줄 수도 있다. 그렇다면 당연히 비즈니스 관계를 양호한 상황으로 이끌어갈 수 없게 된다. 결국 비즈니스 문서작성에 가장 먼저 고려해야 할 것은 '상대와의 관계성'의 인식이며, 그 관계에 맞는 문체를 구사하는 능력이다.

이 '상대와의 관계성'을 고려할 때에 '회사 대표로서의 나'를 의식하는 것이 대단히 중요하다. 회사의 의중을 자신의 것으로 내면화해야 한다. 예를 들어 그런 인식이 없는 채 개인의 편단만으로 움직이게 되면 이야기가 진행되는 도중에 회사의 의중과 괴리가 생기고 상대방에게 혼란을 느끼게 하는 경우도 발생한다. 그것을 미연에 방지하기 위해서는 자신과 회사의 의중이 달라지지 않도록 내부에서의 커뮤니케이션을 충분히 한 뒤에 외부와의 커뮤니케이션을 취할 필요가 있다. 그러한 회사 내부에서의 커뮤니케이션을 원활히 하기 위해서라도 글쓰기 능력은 필요하다. 적절한 시기에 상사의 의사를 확인하며 사내의 내부절차를 밟아갈 필요가 있는 것이다.

한편 외부와 커뮤니케이션을 할 때는 상대의 입장과 자신의 입장(회사와 회사 간의 관계성)에 따라서 다른 문체를 구사해야 한다. 예를 들어 자신의 회사가 상대 회사에 대해 고객의 입장인 경우와 그 반대의 경우는 당연히 문체가 달라져야 한다. 자신의 회사가 상대 회사에 중요한 고객인 경우는 어느 정도의 실용적, 실무적인 문체라도 인정이 된다. 하지만 상대 회사가 자신의 회사의 중요한 고객이라면 충분한 주의를 기울여야 한다.

우리 측의 요구를 너무 직접적으로 전면에 내세운다면 상대방의 기분을 해칠 우려가 있으므로 정중한 표현을 빌려 단정적인 언급을 최소화하는 것이 중요하다. 오퍼를 내거나 제안을 할 때에도 조심스러운 표현이나 상대방의 의향을 존중하는 부드러운 문체를 사용하는 것이 좋다. 그런데 그 문체 안에 상대방이 의사 결정을 하는 데 필요한 정보를 정확하게 전달하는 것을 잊어서는 안 된다. 매우 정중하고 예의 바른 표현을 구사한다 하더라도 필요한 정보가 결여되었거나 도대체 무엇을 원하는 것인지 알 수 없는 글을 보내는 것은 아무런 의미가 없다.

결국 비즈니스 문서에서는 자신과 상대방의 입장을 고려한 문체와 정확한 요건(용건) 두 가지가 병립되어야 한다.

용건을 말하면서도
인간성이 느껴지게 하는 기술

상대방의 기분을 해쳐서는 안 된다는 것을 지나치게 의식한 나머지 너무 무미건조한 문장을 쓰는 사람들이 있다. 그러나 그 결과 의도한 바와는 다르게 '이 사람은 너무 뻣뻣하고 융통성이 없는 사람이구나. 교제를 하더라도 나중에 번거로운 일이 생기지는 않을까.'라는 식의 거리감을 느끼게 할 수 있다.

그것을 피하기 위해서는 문장 안에 자기다움(=인간성)을 진솔하게 드러나도록 할 필요가 있다.

물론 업무 상대와 일을 시작하는 제1단계에서는 앞에서도 말한 바와 같이 자신과 상대방과의 사회적 거리를 어떻게 인식하고 있는가를 정확하게 표현해야 한다.

형식적으로는 경어를 사용하거나 인사말을 본문 앞에 배치함으로써 표현할 수 있다. 그러나 그것만으로는 충분하지 않다.

예를 들어 사외 인사나 거래처에 보내는 문서는 아무래도 의례적인 문체가 되기 쉽다. 감정이 없는 문서의 느낌을 주는 일이 많을 것이다. 그래도 양호한 비즈니스 관계를 구축하기 위해서는 자기다움을 드러낼 필요가 있다. 인간성으로 접점을 만들어 향후의 비즈니스 관계를 부드럽게 만들기 위해서다.

이것은 다른 의미로는 하나의 '교섭력'이라고도 할 수 있는 것인데, '용건을 전달하는 것만이 아니라 거기에 인간성을 드러낸다'는 것을 의식하며 글을 쓰다 보면 그것이 실천적인 비즈니스 능력으로 이어진다.

대개 우수한 직장인이라고 하면, 상대방이 그 인간됨을 신용하고 마음에 흡족해 하는 사람이기도 하다. 그러한 신용 없이 실적을 올리는 사람은 없다.

'사과문'을 보면
'글쓰기' 실력을 알 수 있다

 그럼 인간성이 밴 문장은 어떻게 쓸 수 있는가? 사실 그다지 어려운 것은 아니다. 글을 쓰기 이전에 상대방에 대한 진정성을 가지고 있으면 된다. 그것을 인식한 다음에 상대방이 원하는 것이 무엇인가를 의식하면서 글을 쓰는 것이다.
 특히 그 인간됨과 글쓰기 능력이 필요한 것으로 사과문을 들 수 있다. 사과문을 쓸 때는 상대방에 대한 사죄의 마음을 자신의 몸으로 절실하게 느끼면서 글을 쓰게 된다. 또 감사를 표현해야할 때는 진솔하게 감사의 마음을 담는다. 그렇게 함으로써 비로소 전화위복의 계기가 되어 상대와의 커뮤니케이션이 개선될 수 있다.
 나도 때때로 상대방의 실수로 트러블이 발생한 경우 사과문을 받아 보게 되는데, '아마도 이것은 시중에 나도는 사과문 양식에 이름만 바꾸어서 보낸 것 같다.'라고 생각할 정도의 의례적인 사과문을 보내오는 사람들도 있다.

트러블이 발생한 구체적인 상황을 전혀 언급하지 않고 있기 때문에 바로 알 수 있는 것이다. 상대방은 이런 행위로 자신이 사과를 했다고 생각할지도 모르겠다. 하지만 이런 식의 대응은 완전히 역효과가 난다. 오히려 '제대로 사과를 하려는 마음이 없구나.'라고 생각해서 화를 돋우기만 할 뿐이다. 무엇에 대해 사과하는 것인가를 자신의 언어로 명확하게 표현하지 않으면 오히려 사과하려는 마음이 없는 것으로 판단되는 것이다.

물론 "대단히 죄송합니다. 앞으로는 이러한 실수가 발생하지 않도록 주의하겠습니다. 계속해서 잘 부탁드립니다."라는 식의 전형적인 문장이 내용에 포함되어 있어도 상관은 없지만, 스스로 철저하게 반성한 뒤 그 진정성을 담아내야 한다.

사과문의 목석은 낭연히 금이 간 판세를 복원해 비즈니스를 지속하는 데 있으므로 신중하게 단어를 선택해야 한다. 만에 하나라도 자신의 입장을 두둔해서는 안 된다는 말이다. 그렇게 해서는 상대방에게 불쾌감을 주어 관계가 더욱 악화되기 쉽다.

제대로 사과하면
위기는 기회가 된다

'비 온 뒤에 땅이 굳어진다.'는 말이 있다. 제대로 된 사과문을 통해 상대방의 양해를 얻을 뿐만 아니라 오히려 관계가 더욱 좋아지는 경우도 많다. 대체로 정중히 진심으로 사과하는 사람에게 계속해서 추궁하는 경우는 별로 없기 때문이다. 오히려 사과하는 방식에 따라 이 사람은 진실된 사람이라는 인상을 줄 수도 있다.

《논어》에도 '잘못을 하고도 고치지 않는 것이 잘못.'이라는 말이 있다. 이것은 '한 번 잘못을 저질렀더라도 바로 고쳤다면 잘못이 아니다. 고치지 않는 것이 잘못.'이라는 뜻이다. 이러한 생각은 누구나 받아들일 수 있는 것이라고 생각한다.

사과문을 제대로 쓸 수 있다면 큰 마이너스를 작은 마이너스로 만들 수 있다. 게다가 나아가서는 제로나 플러스로 만드는 것도 가능하다. 그런 의미에서는 코스트 퍼포먼스(가성비)가 좋은 스킬이라고 할 수 있다.

원래 작은 실수는 누구나 할 수 있는 법이다. 업무를 하면서 절대로 미스를 범하지 않겠다고 다짐을 하더라도 실수를 피하기란 쉽지 않은 일이다. 그보다 더 중요한 것은 미스가 발생하고 난 후의 스피드감이다. 미스가 발각되면 사과를 가능한 한 빨리 해야 한다. 타이밍이 늦어지면 늦어질수록 상대방은 '무엇인가를 속이려고 하는 것이 아닌가.' 혹은 '속으로는 잘못이라고 생각하지 않는 것이 아닌가.'라는 의심이 생기고, 감정적인 앙금이 남게 되는 경우가 많기 때문이다.

사실 이 스피드감은 비즈니스 문서 전반에 요구되는 특징의 하나이다. 소설처럼 오랜 시간을 들여 천천히 쓰는 것이 아니라, 시간의 제약 속에서 자신이 속한 회사의 불이익이 되지 않는 범위를 의식하면서 자신의 심정을 담아 써야 하는 것이 중요하다.

그렇다고 해도 앞에서 말한 바와 같이 회사의 내표로서 관계를 맺고 있는 것이므로 너무 자신을 전면에 내세우다가는 오히려 회사에 누를 끼치는 경우도 있다. 따라서 중요한 것은 회사의 스탠더드나 회사의 의중이라고 할 만한 것을 얼마나 제대로 이해하고 있는가이다. 그리고 그 범위 안에서 자신의 심정을 담은 진솔한 문장을 섞어 쓰는 것이 중요하다.

더욱 중요한 것은 현상과 관련해 자신이 알고 있는 내용을 정확하게 알리는 것이다. 모든 것이 해명된 이후에 알리려고 하면 아무래도 늦게 되는 경우가 많다. 억측이 없이 지금 드러나 있는 사실만을 알린다. 그것만으로도 상대방은 한숨을 돌릴 수 있을 것이다.

가장 효과적인 사과 방법은 현재까지의 상황을 정확하게 서면으로 정리한 다음에 약간의 선물이라도 들고 직접 사과를 하러 방문하는 것이다. 그것으로 양해를 얻을 수 있느냐 없느냐는 사건의 크기와도 관계가 있지만 적어도 성의는 전달될 것이다.

다만 상대방의 요구사항이 클레임에 해당할 정도로 강경해 어줍잖은 사과를 했다가는 외려 악수가 될 것으로 판단되는 경우에는 신중을 기해야 한다. 사태가 더욱 악화되어 소송이 벌어지는 경우에는 사과했다는 사실 자체가 불리한 증거가 되어 거액의 배상금을 내야 하는 경우도 있기 때문이다.

그러한 일이 발생하지 않도록 사전에 변호사에게 상담하는 것이 현명하다. 변호사가 작성한 문서는 그러한 사태가 발생하더라도 대응할 수 있도록 작성된다. 완전히 적대관계가 된 상대방과 교섭을 할 때는 다소 수고나 비용이 들더라도 변호사나 리스크 매니지먼트 전문가에게 맡기는 편이 좋다.

'사·수·대(사기, 수정, 대기)'로
비즈니스 메일의 달인이 되라

　직장인에게 이메일을 쓰는 일은 이제 아주 일상적인 작업이 됐다. 비즈니스 메일은 그 자체가 증거로 남는 것이기 때문에 가능한 한 책잡힐 만한 내용은 남기지 않으려고 하는 사람들이 많다.

　그런 사람은 자신의 감정을 조금은 표현할망정 무엇인가를 약속하는 일은 극력 피하면서 안전한 범위에서 메일을 주고받곤 한다. 확실히 그것도 하나의 방법일 수는 있다.

　예를 들어 비즈니스 상대에게 전화로 "제 감각으로는 ○○만 원 정도의 금액은 문제없지 않나 하고 생각합니다."라고 말했다고 하자. 그러면 상대방은 그 이야기를 듣고 기대를 하게 된다. 그래서 실제 금액이 그 3분의 2 정도에 그치게 되었을 경우에는 "뭐야, 그전

CHAPTER 03

에는 ○○만 원 정도가 될 거라고 하더니 겨우 3분의 2가 되었단 말인가!"라는 식으로 감정이 상할 수 있다. 상대방에 대해 선의를 가지고 그럴 가능성도 있다고 말한 것인데 오히려 원망을 살 수도 있다.

이것은 마치 지각해서 보고하는 상황과 같다. 지각했을 때 서두르면 10분 안에 도착할 것 같은 생각에 "10분 정도면 도착합니다."라고 했다고 하자. 그런데도 15분이 걸렸다고 한다면 10분 늦은 데다 5분이 더 걸렸을 뿐 아니라 거짓말을 했다는 인상을 준다. 반대로 "15분 정도 걸릴 것 같습니다."라고 해 두고 10분 만에 도착하면 '꽤나 서둘러서 왔구나.' 하는 긍정적인 인상을 주게 된다. 결국 선의로 한 말이 오히려 더 안 좋은 결과를 가져오는 경우가 있으므로 예방선을 그어 두는 편이 좋겠다.

비즈니스 메일은 그야말로 증거로서 자신과 상대방의 컴퓨터에 남아 있기 때문에 교섭이 꼬인 경우에는 상대방이 '몇 월 며칠에 이렇게 말하지 않았느냐?'고 제시할 경우 회사의 손해로 귀결될 가능성이 있다. 물론 그런 일이 있어서는 안 된다. 그렇다고 해서 그런 사태를 피하는 데만 초점을 두어 가능한 한 움직이지 않는 사람을 어디에 쓸 수 있는가. 그래서는 아무리 시간이 흘러도 성장은 없을 것이며 무엇보다 상대방의 신뢰를 얻을 수 없다.

그래서 나는 '사기, 수정, 대기=사·수·대'라는 말을 만들어 학생들에게 가르치고 있다.

　먼저 '사기'란 어찌 됐든 젊은 사람은 하늘을 찌르는 의욕이 느껴져야 한다는 것이다. 텐션이 낮은 사람이 그룹 안에 한 사람만 있더라도 그 그룹은 침체되고 마이너스 분위기에 젖게 된다.

　원래 같이 일을 할 때에는 경험이 충분한가, 하고자 하는 의욕이 있는가, 적어도 그중에 하나는 있는 사람과 일을 하려고 한다. 젊은 신규 직원은 당연히 경험이 없기 때문에 그만큼의 의욕이 없다면 의미가 없다. 그런 의미에서 젊은 사원들에게는 우선 '사기=텐션'이 있어야 한다.

　다음에 필요한 것은 '수정'이다. 무엇인가 지적을 받았다면 바로 수정을 한다. 예를 들어 문서도 지적 사항이 있으면 바로 수정하여 제출한다. 혹은 "이런 일은 이렇게 처리하는 것이 좋지 않을까?"라는 말을 들었다면 곧바로 들은 대로 행동을 수정한다.

　마지막으로 '대기'는 근거 없이 괜찮을 것이라는 안일한 판단을 해서는 안 된다는 것이다. 상사에게 "이렇게 보내려고 하는데 좋습니까?"라는 식으로 묻고 그 대답을 기다려야 한다. 그리고 상사가 확인한 다음에 메일을 송부한다. 혹은 중요한 메일은 상대방에게 보내기 전에 상사에게 보내 먼저 사내에서 확인을 한 다음에 송부한다. 그렇게 하면 상사와 함께 고민한 것이 된다. 또 나중의 일을 생

CHAPTER 03

각하면 이런 식으로 첨부기능을 이용한 사내에서의 회람을 통해 다양한 정보가 공유되는 장점도 있다. 혹시 나중에 문제가 되더라도 모두가 어느 정도는 파악을 하고 있는 상태이기 때문에 문제해결을 위해 상사나 동료의 도움도 받을 수 있다.

내가 일하고 있는 대학의 부서에서는 자신과 직접 관계가 없는 사안이라도 전부 첨부하도록 하고 있다. 처음에는 귀찮다는 생각이 들기도 했다. 그러나 그렇게 함으로써 미리 정보가 축적되기 때문에, 자신의 업무가 바뀌거나 여러 부서가 관계되는 판단을 해야 하는 경우에도 정확한 판단을 재빨리 내릴 수 있다는 메리트가 있음을 알게 됐다. 첨부기능을 통해 사내에서 인식을 공유해간다. 자신이 지금 무엇을 하고 있는가를 모두가 알게 된다는 점에서도 사내의 '인식공유 메일'은 대단히 중요하다고 할 수 있다.

비즈니스에서 요구되는 투명도가 높은 문서를 작성하는 능력

　모두가 읽게 되는 문서를 작성할 때에 요구되는 것은 누구나 바로 이해할 수 있는, 투명도가 높은 문서를 작성하는 능력이다. 특히 비즈니스 문서에서 최악인 것은 무엇을 말하고자 하는지 파악하기 어려운 것이므로 반드시 투명도가 높은 문서를 만들 수 있는 능력을 익혀 둬야 한다.

　예를 들어 대화의 경우에도 "그걸 누가 말했다는 거야?"라든가 "시간적으로 어느 것이 먼저야?"라고 때때로 확인하며 전체 상황을 파악할 수 있도록 이야기하는 사람이 있는데, 문서도 마찬가지이다.

　먼저 시계열의 버전관리를 명확히 하고, 누가 무엇을 했다는 주어와 술어를 분명히 작성해야 한다. 가장 중요한 포인트를 지극히 간

CHAPTER 03

단하게 두세 줄로 정리하고, 그 다음에 시계열적으로 '누가 왜 이렇게, 이렇게, 이렇게 했다'는 사실관계를 정확하게 명시해 문서를 작성할 필요가 있다.

내 경험담을 말하자면 대학의 시스템을 경신하는 과정에서 한 학생이 경우를 예상치 못한 이수계를 제출한 적이 있다. 너무나 의외의 일이라 모두가 놀랐지만 학생이 제출한 이수계에 문제가 없었기 때문에 학점을 인정하지 않을 수 없었다.

그러나 그대로 방치해 두면 같은 문제가 재발할 수 있다. 그래서 '그렇다면 왜 이런 일이 일어나게 되었는지, 그 원인은 무엇인지'를 찾기 위해 과거의 메일이나 문서를 일일이 다시 확인하게 됐다. 알아보니 이러한 시스템의 변경이 있다는 것을 알리는 과정에서 이수 패턴의 승인 과정에 문제가 발생했다는 것이 밝혀졌다.

당연히 그것을 인지한 다음부터는 이런 일이 다시 발생하게 해서는 안 된다. 그러나 일의 전개과정이 너무나도 복잡해 말로 하자면 삼십 분, 한 시간도 모자란다. 그리고 말로 해서는 빠지는 내용도 있을 것 같다는 판단에 당시 사정을 가장 잘 아는 직원에게 보고서를 작성하게 했다.

몇 년 몇 월자로 시스템의 변경이 있었다, 이 시스템 변경의 취지는 이러이러한 것이었는데 이번 건과 같은 사고가 발생하리라는 것은 예측하지 못했다. 향후에도 이런 케이스가 빈발할 것으로 예상되므로 애초 시스템 변경 그 자체에 문제가 있었다고 할 수 있다, 라는 식으로 잘 정리된 보고서를 받아 볼 수 있었다. 나는 관계자에게 그 내용을 구두로 전달하는 것만으로도 트러블의 확대를 막을 수 있었다.

이처럼 문서로 남기는 것의 메리트는 사실관계를 명확하게 파악하기 쉽다는 것이다. 말하자면 그것이 하나의 브레이크로 작용해 뒷걸음질 치는 일 없이 사실을 공유하고 확인할 수 있게 해준다. 그게 언제 일어났는지를 확인할 수 있는 증거가 되기도 한다.

구두로 상세한 내용이나 배경을 설명하면 상대방의 듣기 능력의 문제도 있을 수 있고, 말하는 이의 말하기 능력의 문제도 있어서 정확한 전달이 좀처럼 쉽지 않다. 이때 투명도가 높은 문서를 공들여 작성함으로써 보다 정확성을 기할 수 있다. 어려운 문제일수록 구두로 전달하는 것보다 문서를 활용하면 훨씬 짧은 시간에 해결할 가능성이 높다.

투명도가 높은 문장이란 무엇인가

그렇다면 구체적으로 비즈니스 문서에서 요구되는 투명도가 높은 문장이란 무엇인가?

나는 도쿄대학 법학부에서 공부하면서 판례를 읽을 기회가 많았는데, 머리가 좋은 재판관이 작성한 판결문은 정말로 알기 쉬워 무엇이 문제이며 어째서 그렇게 된다는 것을 확실히 이해할 수 있었다.

사실관계를 명확하게 분류하고, 거기서 판단의 이유를 확정시킨다. 사실과 판단, 그리고 판단의 이유를 각각 명확하게 나누어 쓰기 때문에 깔끔한 문장이 되는 것이다.

사실과 판단의 구별에 익숙하지 않은 사람은 사실을 적는 부분에서 자신의 관점이랄까, 자신의 입장에서의 해석을 삽입하는 경우가 있다. 그저 단순히 자기가 그런 느낌을 받은 것일 뿐인데 마치 그것이 사실인 것처럼 쓰고 마는 것이다. 그러면 이야기가 꼬이고 알기 어려운 문장이 된다.

그것을 피하기 위해서는 상대방에 대해 "사실관계는 이렇습니다. 그 판단에는 세 가지 가능성이 있고 그 가운데 저는 이것을 선택하는 것이 가장 좋다고 생각합니다. 이유는 이렇습니다. 어떻습니까?"라는 식으로 깔끔한 문맥을 만들 필요가 있다.

그러려면 전술한 바와 같이 우선 이 문서가 무엇에 관한 것인가, 그리고 무엇이 어떻게 되어 이렇게 하자는 것인가에 대한 요건을 맨 처음 세 줄 정도로 적는 것이 중요하다.

그리고 문체가 다른 문장을 잘 섞어서 써야 한다는 것을 염두에 두어야 한다. 예를 들어 사실관계를 설명하는 부분에 느닷없이 감정적인 문장이 들어 있다면 문맥이 흔들려 도대체 무엇을 말하고자 하는가를 알 수 없게 된다. 이를 방지하기 위해서 다음을 주의해야 한다.

- 사실과 자신의 감상을 섞어서 쓰지 않는다
- 포인트마다 단락을 나눈다
- 한 줄을 띄어서 여기까지가 사실관계라는 것을 명확히 한다

CHAPTER 03

- 판단에는 반드시 이유를 설명한다

현상인식과 그 판단, 판단의 이유를 자신 안에서 명확하게 구별하여 작성하는 연습을 하는 것이 중요하다.

비즈니스 메일의
투명도를 높이는 방법

　비즈니스 문서작성에서 투명도가 높은 문장의 중요성을 충분히 이해했으리라 생각한다. 그 투명도는 전자메일에서도 매우 중요하다.
　메일에는 제목을 적는 칸이 있는데, 제목만 봐도 '아, 이 사람은 총명한 사람이구나.'를 느끼게 하는 타이틀을 붙이는 사람이 있다.
　'아래 건과 관련하여'라거나 '며칠 전에는 감사했습니다'와 같은 막연한 타이틀로는 다른 메일과 섞여 좀처럼 눈에 띄기 어려운데, 타이틀을 잘 붙인 메일은 검색했을 때 한 번에 튀어나온다.
　또한 메일의 타이틀에서는 키워드가 대단히 중요한 의미를 갖는다. 키워드를 두세 개 활용하면 검색이 매우 쉬워진다는 말이다. 따라서 메일의 타이틀에는 키워드를 넣어야 한다는 것을 기억해 두자.

CHAPTER 03

그리고 본문에서는 첫 부분에 무엇을 어떻게 하고 싶은지, 무엇이 어떻게 되었는지를 명확하게 적도록 하자. 비즈니스 메일의 경우 대략 세 줄 정도면 전달하고자 하는 핵심 내용은 쓸 수 있을 것이다. 길게 쓰는 것보다는 사태의 포인트에 대한 질문을 받았을 때 바로 정확하고 간결하게 답변할 수 있는 정도의 똑똑함이 필요하다.

그 역량은 대화력과 비슷하다. 대화를 할 때에는 상대방이 무엇을 물었는지를 정확히 이해하고 그에 대해 단적으로 답변하는 능력이 필요하다. 어리바리한 대답을 하게 되면 '이 사람은 능력이 없구나.'라는 인상을 지울 수가 없기 때문이다.

그것은 글쓰기에서도 마찬가지이다. 나아가 글을 쓸 때에는 말을 할 때보다 더욱 주의를 기울여야 한다. 대화의 경우에는 다소간 문맥이 왔다 갔다 하더라도 흐름 속에서 허용되는 일이 많다. 그러나 문장의 경우는 문맥의 혼란을 흐름 속에서 정리하는 것이 불가능하다. 따라서 문맥의 혼란상이 대화를 할 때보다 더욱 두드러지게 드러난다. 잘못하면 '이 사람, 이상한 사람 아닌가?'라고 상대방이 불안을 느낄지도 모른다. 그러니 우선은 전자메일의 타이틀을 붙이는 것부터라도 연습해 보기를 바란다.

빠른 응답이
상대에 대한 성의를 드러낸다

　비즈니스 문서에서 응답의 스피드는 그 자체가 성의를 나타내는 경우가 많다. 이것은 크게 나누면 두 종류로 나눌 수 있다.
　첫 번째는 상대방에게 감사 표현을 하거나 반대로 사죄 표현을 해야 하는 경우와 같이, 어찌 됐든 빨리 할수록 인간관계에 플러스가 되는 경우이다. 이때에는 상대방의 감정이 식기 전에 더욱 증폭시키기 위해, 혹은 상대방의 감정을 빨리 가라앉히기 위해서라도 빠르면 빠를수록 좋다.
　두 번째는 간단히 판단하는 것이 쉽지 않은 경우 잠시 시간을 두고 천천히 답변하는 것이 상대방에 대한 성의를 다한 것으로 비춰지는 케이스이다. 그런 경우는 단순한 일상대화를 하는 감각이 아니

CHAPTER 03

라 어느 정도 생각을 좁히고 분명하게 정리한 내용을 보내는 것이 좋다. 물론 답변 그 자체는 빨리 해주는 편이 좋다. 그러므로 상대로부터 메일이 왔을 때는 "심사숙고해 볼 테니 조금 시간을 주십시오. 다음주 ○요일에 연락을 드리겠습니다."라고 일단 답변을 해 주고, 일주일 동안 깊이 생각해 본 뒤에 그 결과를 보내면 되는 것이다.

교섭에 따라서는 몇 차례나 메일을 주고받아도 좀처럼 진도가 나가지 않는 경우도 있다. 그럴 때는 우선 교섭 자체가 결렬되거나 보류되지 않도록 "몇 월 몇 일에 다시 한번 메일을 보내 드리겠습니다."라고 일자를 확정할 필요가 있다.

비즈니스 문서에서는 이처럼 일자를 확정하거나 확정시키는 것이 매우 중요하다. 예를 들어 "○일까지 결정할 것이니, ○일까지 준비를 부탁합니다."와 같이 끊임없이 일자를 의식하면서 쓰는 것이 원칙이다. 도대체 그 건은 지금 어떻게 되고 있는 것인가를 알 수 없게 되면 상대방은 '신용할 수 없는 사람'이라고 생각하게 된다. 그래서 일시를 구분하면서 항상 시간 감각을 가지고 문서를 작성해야 한다.

날짜를 적을 때에는 '○월 ○일 ○요일'과 같이 요일까지 병기하는 것이 실수가 적다. '○일'까지만 적으면 서로 착각하는 일이 생길 수 있다. 요일까지 적어 이중으로 확인하는 것이 안전하다. 물론 적는 사람이 일자와 요일을 틀리지 않도록 주의해야 함은 말할 필요도 없다. 'O월'과 같이 월을 같이 쓰는 것도 좋은 습관이다. 달을 착각하는 경우도 있기 때문이다.

| 메일작성 원포인트 레슨 1 |

처음 메일을 보낼 때의 기술

불과 몇 년 전까지만 해도 비즈니스 상의 첫 접촉을 전자메일로 하는 것은 예의가 아니라는 풍조가 있었다. 처음에는 편지를 쓰거나 전화라도 하고 나서 상세한 내용을 메일로 보내는 경향이었다.

그러나 지금은 처음부터 전자메일로 접촉하며 일을 추진하는 것이 일상이 됐다. 하지만 이메일 주소를 안다고 해서 느닷없이 일면식도 없는 상대에게 메일을 보내는 것은 바람직하지 않다.

그럴 때에는 "느닷없이 연락을 하게 되어 죄송합니다. 상사인 ○○ 씨로부터 귀하의 메일 주소를 받아 연락드립니다."와 같이 누구로부터 메일주소를 입수하게 되었는지에 대한 경위를 밝히고 정중하게 메일을 보내는 것이 예의이다.

그런데 누군가와 메일을 주고받게 될 경우 가장 많은 패턴은 어딘가에서 명함을 교환한 것을 계기로 인사메일을 보내고, 거기서 좋은 인상을 주어 "그럼 다음에는 전화로."라든가 "언제 한번 봅시다."라는 식으로 관계를 맺는 것이다.

그 관계는 마치 남녀 간의 교제와도 비슷한 구석이 있다. 메일이 보급되면서 남녀 간 교제의 제1단계 허들은 매우 낮아진 것이 사실이다. '직접 만나는 것은 부담스럽지만 메일을 주고받는 것이라면……' 하고 부담을 덜 느끼는 사람들이 많다. 그리고 메일을 주고받으면서 다음 단계로 나아갈지에 대한 판단을 한다. 그런 관계는 메일이 보급되기 전에는 없었던 관계이다.

비즈니스 관계도 마찬가지이다. 거래실적이 없던 상대방에게 메일을 보내고, 그것을 계기로 상담이 전개되는 새로운 루트가 탄생한 것이다.

몇 번의 메일을 주고받는 가운데 '사실 저는 이러저러한 아이디어를 가지고 있습니다. 귀사의 비즈니스에도 도움이 될 듯한데 어떠십니까?'라는 느낌으로 메일 안에 자신의 기획을 어필하는 사람도 있고, 실제로 그 가운데는 새로운 비즈니스가 탄생하는 케이스도 늘어나고 있다.

그렇다고 해서 처음부터 부담을 주어서는 안 된다. 어디까지나 자연스럽게 자신의 생각을 드러내고 상대방의 반응을 보는 것이 중요하다. 상대방의 반응이 없으면 다시 다음 기획을 고민하고, 적당히 시간적인 간격을 두어 가볍게 타진해 본다는 감각으로 메일을 보내면 된다.

그런 가벼운 타진에는 메일이 아주 좋은 수단이 된다. 편지나 전화라면 가벼운 타진일지라도 상대방이 부담을 느끼고 무겁게 받아들일 가능성이 있지만 메일이라면 상대방도 부드럽게 받아들이는 것 같다. 그것이 메일의 커다란 메리트이다.

만약 상대방으로부터 우호적인 반응이 있으면 바로 회신을 주어야 한다. 다만 그때 바로 자신의 이해관계만을 주장하는 듯한 내용이어서는 안 된다. 오히려 상대방에게 플러스가 되는 정보나 조건을 제시하는 것이 핵심이다. '기브 앤 테이크', 상대방의 입장에서 테이크가 무엇인지를 의식하면서 메일을 써야 한다.

"만약 이 기획에 관심이 있다면 저를 한번 써 보는 것이 어떠십니까?"라는 식으로 한발 물러선 자세를 보이는 것이 상대방도 이야기를 하기가 쉬워진다. 또 조건 면에서 "저희들은 이제 겨우 시작하는 입장이니 시장 가격보다 저렴하게 해 드리겠습니다."라는 식의 접근도 하나의 방법이다.

그렇게 우선은 실적을 만들어야 한다. 그래서 주어진 일을 제대로 잘 해낸다면 비즈니스는 계속될 것이고, 상대방에게 필요한 존재가 되면 될수록 조건도 좋아질 것이다. 처음에는 내가 더 주는 것 같아 보여도 마침내는 원원의 좋은 관계를 맺을 수 있다.

그것은 사내에서 관계를 만들 때도 마찬가지이다. 예를 들어 상사가 사적인 심부름을 시킬 때 그것이 엄청나게 불합리한 것이 아니라면 비록 귀찮기는 하지만 "네, 알겠습니다."라고 답하지 않는가. 조직 속에서 생존하기 위한 처세술이라 하더라도 그것을 반복하는 동안에 경험도 쌓이고 주어진 일의 중요도도 올라가게 된다.

"나는 실력만으로 성공할 수 있다는 것을 반드시 보여주겠다."고 말하고 싶겠지만 현실은 좀처럼 쉽지 않다. 조직 안에서는 아무래도 위에서 끌어 주는 사람이 필요하다. 따라서 이것은 '이 직원은 자신의 이익을 우선하지 않고 귀찮은 일이지만 해 주는구나.'라는 상사의 신뢰를 얻음으로써 자신의 진짜 실력을 발휘할 수 있는 장을 늘려가는 방법이다. 그러한 의미에서 상사에게 보내는 메일에는 주어진 일에 최선을 다하려는 의지를 드러내는 것이 좋다.

| 메일작성 원포인트 레슨 2 |

느낌표와 장문의 활용법

상대방에게 힘차고 의욕적인 이미지를 전달하기 위해 '느낌표(!)'를 사용하는 것도 좋다.

문장에도 '신체성'이 묻어난다. 신체성이란 개개인이 독자적으로 가지고 있는 신체의 중심 또는 균형 감각을 말하는데, 그것은 나아가 정신의 중심 또는 균형 감각과도 이어지고 문장에도 드러나게 된다. 예를 들어 손으로 쓰는 문장에는 필체를 비롯해 그 사람의 신체성(인간미)이 자연스럽게 드러난다.

그러나 메일은 문자로 작성되어 있어 아무래도 그 사람만의 신체성이 결여되기 쉽다. 통상 요건을 전달하는 목적으로 작성되는 대부분의 메일에는 거의 신체성이 드러나지 않는다고 보아도 좋다.

최근 들어 이모티콘을 비롯한 그림문자가 유행하는 배경에는 그러한 신체성의 상실을 메우려는 사람들의 무의식적인 욕구가 있기 때문일지도 모른다.

어찌됐든 모처럼 자신의 의사를 밝히는 메일을 작성할 때 자기다움을 담아야 한다. 그러기 위해서 예컨대 일부러 느슨한 문체의 메일을 보내면 호감이 가는 이미지를 받게 된다. 물론 조크를 구사할 정도가 되면 일류라고 할 수 있지만 거기까지 공을 들이지 않더라도 자신의 의지나 의욕이 전달된다면 충분하다. 그 표현이 '!'이다.

피곤에 절어 있는데 상사가 갑자기 어려운 일을 주면 아무래도 '아, 싫다.'는 감정이 앞선다. 전화 통화였다면 목소리에 그 마음이 드러났을 것이다. 그러나 메일이라면 얼마든지 "네! 알겠습니다!"라고 쓸 수 있지 않은가. 본심을 들키지 않을 수 있다는 측면에서도 메일은 좋은 수단이다.

한밤중에 날아드는 무리한 메일에 대해 반대로 "감사합니다!" 하고 답신을 보내 보자. 어차피 누군가가 하시 않으면 안 되는 일이라면 '기꺼이!' 정신으로 받아들이는 것이 스트레스도 덜 받고 출세의 길도 열리는 것이 아닐까.

또 메일은 주로 용건 중심의 짧은 문장을 주고받는 데 쓰이지만 때로는 편지와 같이 장문의 메일을 보내는 것도 효과적일 때가 있다. 예를 들어 친구와의 메일에도 "요즘 어때? 잘 지내?"로 끝내는 것이 아니라, 자신이 본 영화의 감상이라든가 독후감 등 상대방에게 조금이라도 도움이 될 만한 정보를 함께 보내는 방법도 있다.

또는 업무협의 과정에서 알게 된 사람에게 미팅한 그날 바로 약간의 감상을 좀 길게 정리해서 보내는 것도 좋은 방법이다. 예를 들어 만났을 때 화제에 올랐던 내용과 관계된 책이나 기사를 "참고가 되시길 바랍니다."라면서 소개하는 정도라면 불쾌감을 줄 이유가 없다. 오히려 '그것까지 기억해 주는구나.' 하는 호감을 사게 될 것이다.

이런 편지 같은 메일은 받는 사람에게도 신선한 경험이라 좀처럼 잊을 수 없게 된다. 더 깊이 사귀고 싶은 사람이 있다면 편지 느낌의 메일을 보내 보는 것이 어떨까.

| 메일작성 원포인트 레슨 3 |

위험예지와 거절의 기술

메일이 가볍게 타진을 해 보는 경우에 가장 좋은 수단의 하나라는 것은 앞에서도 설명했지만, 그것은 반대로 말하면 받는 사람 입장에서는 그런 메일을 많이 받게 된다는 것이다.

내게도 의사를 타진하는 메일이 많이 오는데 개중에는 '이상하다'는 생각이 드는 제안도 많다. '이 제안은 회사의 의견이라기보다는 이 사람 개인의 의사로, 내가 협조하더라도 대가를 얻을 수 없을 것 같다.', '이 사람은 내가 무슨 일을 하는지 잘 이해하지 못하고 있는 것 같다. 받아들였다가는 나중에 번거로운 일이 많이 생길 것 같다.' 이런 예감이 드는 메일이 많이 들어온다. 그게 나만의 일은 아닐 것이다. 많은 사람들에게 위험한 냄새가 나는 메일이 종종 날아

CHAPTER 03

들고 있을 것이다. 그런 의미에서 '메일 후각'이나 '위험예지 능력'을 익혀 둬야 한다. 반대로 자신이 누군가에게 의사를 타진하는 메일을 보내는 경우에는 그 메일은 상대방이 싫어하지 않을 만한, 위험한 냄새가 나지 않는 메일이어야 한다. 그 기본은 우선 상대방을 잘 이해한 뒤에 상대방에 맞는 문장으로 메일을 써야 한다는 것이다. 특히 상대방이 싫어하는 표현은 피하는 것이 좋다.

전문분야의 사람들끼리라면 전문용어를 많이 쓴다고 하더라도 아무런 문제가 없을 뿐 아니라 그 편이 결론을 내는 데 훨씬 빠르기도 하다. 그러나 그것이 누구에게나 통하는 것은 아니다. 개중에는 전문용어를 아주 싫어하는 사람도 있다. 내가 교류하는 교육관계자 중에서도 비즈니스 용어가 들어간 문장을 매우 싫어하는 사람이 있다. 따라서 보내는 상대방에 따라 단어의 선택이나 문체에도 배려를 하는 것이 중요하다.

위험한 메일을 걸러 낼 수 있다면, 그 다음은 거절할 때의 배려도 필요하다. 사무적이고 냉랭한 메일 가운데 사실은 대단히 중요한 내용이 들어 있는 경우도 있기 때문이다.

언뜻 별로 중요하지 않은 메일이라고 판단하여 간단히 거절한 메일이 사실은 상대방의 입장에서는 수년간 갈고 다듬은 대단히 중요한 기획이었던 적도 있다. 그런데 쌀쌀맞게 거절하면 상대방은 감정적으로도 상처를 받는다. 충격도 받지만 화가 나기 마련이다.

만약에 상대방으로부터 "번거롭게 해드려 죄송합니다. 실례했습니다."라는 정중한 대답이 돌아온다 하더라도 앞으로 상대방과의 일이 전혀 없어질지도 모른다. 그리되면 '그렇게 중요한 건이었으면 처음부터 말을 해 줬으면 좋았을 텐데…….'라고 후회해도 이미 늦다. 따라서 내용에 가려진 상대방의 의도를 정중히 파악해 보고 혹여 거절을 할 때에도 세심한 주의를 기울일 필요가 있다.

메일은 간결하고 명료한 문장으로 작성하는 것이 기본이다. 하지만 그 때문에 단어 하나하나의 뉘앙스가 제대로 전달되지 못하고, 대화에서라면 아무것도 아닌 말이 상대방의 감정을 건드려 상처를 주는 경우도 많다. 그런 의미에서 메일을 이용한 대화는 마치 살얼음판 위에 서서 나누는 대화와도 같다. 때로는 자신의 한 발이 빠졌다는 것도 모른 채 이야기를 계속하다가 되돌릴 수 없는 사태가 되는 경우도 있다.

따라서 보내온 메일에서 숨겨진 상대방의 의도를 최대한 파악한 뒤 혹여 거절을 하더라도 신중히 주의를 기울여야 한다. 그것에 실패하면 상대방으로부터 일이 오지 않을 뿐 아니라 당신의 평판마저 나빠질 수도 있다. 메일을 거절할 때는 그와 같은 평판 리스크도 염두에 둘 것을 잊지 말아야 한다.

업무인계 시 문서화의 중요성

 거래처와 개인적인 신뢰관계를 맺고 있던 담당자가 퇴사하면서 새로운 담당자가 맡게 되자 관계가 종료되는 경우가 많이 있다.
 백화점 매장의 경우에도 자주 보던 직원이 그만두면 그 매장을 가지 않는다는 사람도 있다. 그런 일은 자주 있는 일이고, 비즈니스의 경우 그 부서 담당자가 바뀜으로써 '뭔가 조금 멀어진 느낌이 든다.'고 느끼는 일도 자주 일어난다. 그것을 피하기 위해서라도 인수인계 기간을 정하고, 정확하게 문서로 남기면서 인수인계를 진행하는 것이 중요하다고 생각한다.
 예를 들어 지금까지 주고받았던 메일을 잘 정리해 넘겨주면서 "지금까지 고객과 이런 일이 있었습니다."라는 정보를 공유하며 인계를 해야 한다.

  대체로 사람들은 업무의 인수인계를 가볍게 보는 경향이 있다. "이런 식으로 하면 된다."며 형식적인 인수인계를 하고 서둘러 다음 임지로 떠나는 모습을 흔히 볼 수 있다. 하지만 그것은 업무를 가볍게 생각하고 있다는 증거나 다름없다.

  업무를 하면서 쌓은 경험치는 대단히 중요한 것이다. 그 중요한 경험치를 정확하게 인계해야 한다. 경험치를 알려주지 않는 업무방식은 있어서는 안 된다. 그것은 자신이 경험을 필요로 하지 않는 표층적인 업무만을 하고 있었다고 고백하는 것과 다름없다.

  고객이 바뀌기 전의 담당자와 이런저런 경험을 공유하면서 좋은 관계를 맺어 왔다고 하자. 그런데 고객과 아무런 경험도 공유하지 않은 새로운 사람이 왔을 때 비즈니스 상대는 또 처음부터 다시 시작해야 하는가 하는 부정적인 생각으로 그 회사와의 비즈니스 관계를 끊을지도 모른다.

  작가가 편집담당자가 바뀐 것에 불쾌감을 느끼고 그 출판사와의 거래를 그만두었다는 사례도 실제로 있다. 하지만 그것을 작가의 독단이라고 매도할 수는 없을 것이다. 그 작가로서는 내 담당 편집자가 바뀌지 않았으면 좋겠다는 그 어떤 이유가 있었을지도 모른다. 그러나 그럼에도 이동을 해야 한다면 의식적으로 대처하는 자세를

CHAPTER 03

보이면서 시간을 충분히 두고 경험치를 전수해야 한다.

이것은 자신이 인수를 받는 경우에도 매우 중요하다. "전임자로부터 이것은 들어서 알고 있습니다.", "지금까지 이렇게 해 오신 것이지요?"라는 말을 한다면 아마도 강고한 고객의 신뢰를 얻을 수 있을 것이다.

여담이지만 나는 이러한 인수인계의 중요성을 장관이 교체되는 시기에 강하게 느낀다. 정말로 전임 장관의 경험치까지도 제대로 인수인계를 하고 있는 것인가……. 적어도 취임 전의 일주일 정도는 신구 장관이 충실한 대화를 통해 귀중한 경험을 공유해야 할 것이다. 그러나 실제로는 정말로 그러한 노력을 하고 있을까 하는 의문이 들 정도로 형식적인 인수인계가 너무나도 많은 것 같다.

인사이동이나 교체가 이뤄지는 시기는 매우 바쁜 상황이기도 하다. 그러나 바로 그렇기 때문에 정확하게 인수인계를 할 수 있는 사람은 신뢰할 만한 사람이라고 평가할 수 있다.

비즈니스에 있어서는 가급적이면 전임자와 후임자 사이의 간극이 없도록 하는 것이 중요하다. 더군다나 전임자가 미스를 해서 교체가 되는 경우에는 후임자가 그 전후상황을 정확하게 이해하고 업무를 수행할 필요가 있다. 이를 위해서라도 정확한 '인수인계 문서화'의 틀을 만들 필요가 있다.

기업에 있어 계속성은 대단히 중요하다. 누가 그 일을 맡는다고 해도 안심할 수 있다는 안도감을 상대에게 주기 위해서는 인수인계 내용을 문서로 남기는 것은 중요하다.

'문장'을 쓰는 능력과
'문서'를 쓰는 능력의 차이

직장인에게 요구되는 문장력을 말하면서 '사내문서'를 빼놓을 수는 없다. 업무의 상당 부분이 사내문서를 작성하는 것이라 말하는 사람들도 많다.

그 사내문서에는 다음과 같은 것들이 있다.

① 조직의 명령, 지시를 전달하기 위해 상사가 부하에게 발신하는 문서(알림, 규정문, 지시서 등)
② 부하가 상사에게 보고나 공유, 제안을 하기 위해 발신하는 문서(보고서, 제안서, 품의서, 기획서 등)
③ 조직의 각 계층이나 각 부서 간에 연락이나 의사전달을 위해

발신하는 문서(통지, 의뢰서, 회람서, 업무협조전 등)
④ 조직의 기록으로 남겨야 하는 문서(회의록, 인사록, 통계, 데이터 등)

이 가운데 먼저 몸에 익혀야 하는 것은 ② 부하가 상사에게 보고나 공유, 제안을 하기 위해 발신하는 문서를 만드는 능력이다. 결국 여기서 말하는 능력이란 바로 문서를 작성하는 능력이다.

원래 일상적으로도 '문장'과 '문서'는 그 성질이 다르다. 사람의 마음을 움직일 수 있는 문장을 쓰기 위해서는 그에 상응하는 학습이 필요하지만, 문서는 형식적인 포인트만을 충족한다면 어느 정도 통용되는 문서를 작성할 수 있다.

문장력이 좀 떨어져도 문서는 어떻게든 작성할 수 있다. 실제 그러한 문서작성법은 인터넷을 찾아보면 얼마든지 샘플이라든가 템플릿을 찾을 수 있다. 거기에 필요한 사항을 채워 가기만 하면 그런대로 통용되는 문서를 만들 수 있는 것이다.

물론 그러한 샘플이나 템플릿을 통해서 비즈니스 문서작성력을 키워가는 것은 중요하다. 그러나 그것만으로는 최소한의 필요조건을 충족하는 문서만을 만들 수 있을 뿐이다. 상대방의 마음을 움직이지 못한 채로 수많은 다른 문서들에 묻히는 것이다.

기왕에 작성하는 것이라면 사람의 마음을 움직이는 문서를 만들

CHAPTER 03

었으면 한다. 그러기 위해서는 '문장'을 쓰는 능력을 자신의 것으로 만들어야 한다.

내가 지금까지 썼던 문장 가운데 가장 많은 사람들의 칭찬을 받은 글은 바로 학생 시절에 장학금을 신청할 때 썼던 '이유서'였다. 그때 나는 이미 결혼을 한 몸이었지만 경제적으로는 매우 곤궁했고, 가정생활과 학교생활을 함께 꾸려 나가기 위해서는 반드시 장학금이 필요했다.

그래서 나는 감정에 호소하는 이유서를 작성했다. 물론 자신의 이야기를 하면서 거짓말을 해서는 안 된다. 있는 그대로의 사실을 기록해야 하지만, 거짓말이 아닌 범위 내에서 사실을 과장하고 내가 처한 불행을 최대한 강조하면서 심사관의 감정에 호소한 것이다.

그 이유서는 주변 사람들로부터 '대단한 문장력'이라는 찬사와 더불어 다행스럽게도 내게 장학금을 안겨 주었다. 수입이 없던 시대에 나를 구해 주었다는 의미에서는 그 이유서야말로 지금의 나를 있게 한 것이라고도 할 수 있다.

내가 문장력이 필요하다고 목소리를 높이는 이유가 여기에 있다. 문장력에는 사람을 움직이는 힘이 있다. 그리고 때로는 자신의 인생 자체에도 영향을 미친다.

기획서의 가치는
쏟아부은 열정에 비례한다

 그러면 우선 뛰어난 기획서 작성에 대해 설명을 해 보자. 기획서를 작성하는 데는 회사에 따라 그 양식이 정해져 있는 경우도 있다. 그런 경우에는 그 양식에 키워드를 입력해 가다 보면 '기획서 같은' 문서는 얼마든지 만들 수 있다. 익숙해지고 나면 하루에 10~20개의 기획서를 쓰는 것도 마냥 어려운 일은 아니다. 그러나 문제는 그것이 가치가 있느냐 하는 것이다.

 기획서의 가치는 그 기획서를 작성한 데서 발생하는 것이 아니라, 그 기획서가 실행되어 성공함으로써 비로소 가치가 발생한다. 기획이 실패로 끝나면 오히려 회사에 손해를 입히게 된다. 어설픈 기획으로 회사에 큰 피해를 입힌 사례는 얼마든지 있다.

CHAPTER 03

그럼 성공으로 이어지는 기획서란 도대체 무엇을 말하는가?

그것은 얼마나 열정을 쏟아부었는가에 의해 결정된다. 우선은 기획서 하나에 자신이 그동안 생각했던 것들을 간단하게 정리해 보자. 그리고 누군가가 문책을 하더라도 그에 대해 정확하게 대답할 수 있도록 리스크 예측을 하고, 그 대책을 강구해 본다. 그렇게 치밀한 기획서를 만드는 데 에너지를 투입해야 한다.

또는 그 누구도 지금까지 생각해본 적이 없는, 하지만 알고 보면 너무나 간단한, 콜럼버스의 달걀과도 같은 기획서를 만드는 것도 좋다. 이 콜럼버스의 달걀이라는 것도 기획의 기본이다. 잘 생각해 보면 '아, 왜 이런 것을 지금까지 생각하지 못했을까, 돈도 별로 들지 않고, 그냥 하기만 하면 되는 것이 아닌가······.' 하는 그런 기획서가 가장 좋은 기획이라고 생각한다.

그런 기획서를 작성하기 위해 자신의 에너지를 총동원하여 A4 용지 한 장에 정리를 해 보자. 이것이 기획서 작성의 중요한 포인트이다.

원고지 100장 분량의 기획서를 쓴다고 좋은 기획서라는 보장은 없다. 그 기획서가 정말로 퀄리티가 높은가 아닌가를 그간의 경험이나 지식으로 판단하거나 혹은 여러 가지 시행착오를 거듭하면서 그 기획안을 다듬어가는 것이 중요하다. 그런 과정을 거치면 자연스럽게 A4 한 장에 요지를 정리할 수 있을 것이다.

처음에는 '기획서 작성법'과 같은 매뉴얼을 보면서 기획서 작성에 익숙해지는 것도 나쁘지 않은 방법이다. 처음부터 훌륭한 기획서를 작성할 수 있는 사람은 이 세상에 없으니까.

그러나 초기단계를 지나서는 '기획서는 쓰는 것이 아니라, 반죽과 같이 치대는 것'이라고 생각하는 것이 좋다. 치대고 치대고, 고민하고 고민해서 판단하는 것이 중요하다.

그때의 판단이 잘못되면 아무리 멋지게 문장을 채워 넣더라도 아무런 의미가 없다. 기획서가 통과되어 회사가 그것을 채택했다 하더라도 결과적으로 피해를 입힌 경우는 수도 없이 많다. 결국 기획서의 목표는 기획서의 '채택'이 아니라는 것이다.

회사에 피해를 주지 않으면서 코스트 퍼포먼스가 좋은 성과를 올려야 한다. 그러기 위해 고민하고, 개선에 전력을 다해 치댈 필요가 있다. 일단 작성한 기획서라도 또 들여다보고, 치대고 치대서 좋은 기획서를 제출해야 한다.

기획서에는
'퇴고'가 필요 없다

문장을 잘 다듬기 위해서는 퇴고가 중요하다는 말을 자주 듣는다. 그러나 퇴고를 하는 것과 기획서를 반죽처럼 치대는 것은 완전히 그 의미가 다르다.

퇴고란 단어를 바꿔 보거나 문장을 다시 써 봄으로써 같은 내용을 보다 좋게 한다는 의미이다. 그러나 기획서의 경우 그것만으로는 너무나 부족하다.

기획서는 그 문장을 치대는 것만이 아니라 그것을 실행했을 때의 준비, 비용, 리스크와 같은 것을 정확하게 읽어 내는 것이 중요하다. 그 다음에 실행 가능한 것인가, 코스트 퍼포먼스는 좋은가에 대해 답을 가지고 있는 기획서를 만들어야 한다.

결국 퇴고 레벨을 훨씬 넘어서는 수준이 요구되는 것이다.

그런데 이런 기획서의 중요성을 알지 못한 채 회사 전체가 착각을 하는 경우를 많이 볼 수 있다. 예를 들어 뭐가 됐든 기획서를 내라는 의미에서 기획콘테스트를 열어 그 가운데 막대한 비용이나 수고가 들어갈 것임에도 재미있을 것 같다는 이유만으로 기획을 채택하는 경우가 그것이다. 말할 것도 없이 그렇게 안이한 생각으로 채택한 기획이 제대로 될 리가 없다. 많은 경우에 결국 손해를 보고 중지되었다는 이야기를 들었다.

기획을 하는 사람도, 그것을 심사하는 사람도 '새로운 것을 한다고 이익이 늘어나는 것은 아니다.'라는 사실을 인식할 필요가 있다. 기획서 하나를 제출하는 데도 한 사람 한 사람이 모두 경영자의 감각을 가져야 하는 시대가 된 것이다.

자신의 기획이 통과되었다고 해서 본인이 평가받았다고 생각해서는 안 된다. 성공해야 비로소 인정을 받는 것이다.

경영자라면 하나의 기획을 받아들일 때에 과연 이 정도의 자금을 투입해도 좋을까라는 공포심 같은 것에 휩싸이게 마련이고, 그 나름의 각오도 필요하다. 그러한 공포심도 없이 내 마음대로 하면 된다는 식으로 해서는 제대로 된 비즈니스맨으로 인정받을 수 없다.

실제 경영부진에 빠진 회사를 잘 들여다보면 안 해도 될 만한 기

CHAPTER 03

획을 실행하거나 혹은 세우지 않아도 좋을, 결과적으로는 실패할 만한 커다란 공장을 세우는 경우가 많다.

그 출발점에는 한 장의 기획서가 있었을 것이다.

아마도 그 기획서는 표면적인 표현이 아주 잘 되어 있었을 것이다. 이것을 실시하면 얼마나 크게 회사가 성장할 것인가에 대해 멋지게 묘사했을 것이고. 그러므로 표면적인 표현이 우수했기 때문에 오히려 회사의 손해가 커졌다고 할 수 있다. 따라서 제대로 된 직장인이라면 기획서를 표면적으로 잘 써서 통과되면 그만이라는 생각은 확실히 버려야 한다.

기획안을 수립할 때는 데이터를 확실히 수집하고 실패할 가능성도 고려해 어디에서 퇴각을 할 것인지, 손익분기점은 언제인지를 확실히 파악하면서 작성하는 것이 무엇보다도 중요하다.

기획서 작성 연습을
어떻게 할 것인가?

　기획서를 작성할 때는 그 나름의 각오를 하고 치밀하게 생각할 필요가 있다고 한 바 있다. 최종적으로 제안하는 기획에는 긴장감이 따른다. 하지만 연습단계나 발상단계에서는 기획서를 다양하게 많이 써보는 것이 좋다. 연습장에 연습하듯 기획서를 많이 써 보면 더욱 다양한 아이디어가 떠오르게 된다.

　'이런 것도 고려해볼 수 있고, 저런 것도 생각해볼 수 있다.'라는 식으로 모두가 함께 다양한 기획안을 만들어 본다.

　기획서를 제출하라는 지시를 받으면 5개든 10개든 많은 기획안을 만들어 보자. 그러다 보면 '아, 이건 안 되겠다.'라거나 '이것은 괜찮군.' 하는 구분이 가능해진다.

CHAPTER 03

    그리고 '이건 좋을지도 모르겠다.'는 기획안을 두고 모두가 아이디어를 내고 기획안의 완성도를 높여 가야 한다. 아이디어 발상단계에서는 모두 가벼운 마음으로 우선 많은 아이디어를 도출하는 것을 목적으로 진행한다.

    말하자면 브레인스토밍을 기획서라는 종이 위에서 해 보는 것이다. 브레인스토밍이란 어떤 문제나 테마에 대해 참가자가 자유롭게 의견을 개진함으로써 다채로운 아이디어를 얻기 위한 회의를 말한다.

    상대방의 의견을 부정하지 않고 모두가 의견을 늘려가는 '아이디어 회의' 같은 것인데 이런 장을 만들어 많은 기획서를 만들어 보는 연습이 필요하다.

    이때 기획책임은 일단 옆으로 밀어두고, 우선은 다채로운 발상을 자유롭게 하는 것을 목적으로 한다. 그러면 보수적인 기획안에서 참신한 기획안까지 다양한 아이디어를 기대할 수 있다.

    그것이 보다 좋은 기획서를 작성하기 위한 첫걸음이다.

품의서의 급소는
포맷에 있다

조직에서의 의사결정은 기본적으로 회의를 통해 이뤄진다. 그러나 무엇인가를 결정해야 할 일이 생길 때마다 일일이 회의를 개최하는 것은 시간으로나 비용으로나 한계가 있다.

그래서 일상적인 업무의 경우에는 일정한 서식에 따른 품의서를 만들어 결정권이 있는 상사에게 제출해 결재를 얻는 방법을 주로 사용한다.

품의서와 같은 형식적인 문서를 작성하는 것이 고역이라는 사람도 있을 것이다. 하지만 일을 하기 위한 기본적인 양식이므로 반드시 몸에 익혀야 한다.

그러기 위한 빠른 방법은 사내에서 기존에 작성된 품의서를 참고

하는 것이다. 샘플을 많이 가지고 있는 회사도 있을 것이고, 가지고 있지 않다면 상사에게 이야기해 기존의 품의서를 보여 달라고 하면 된다.

그런 샘플을 바탕으로 작업을 하면 엉뚱한 결과는 나오지 않는다. 나아가 자신의 개성에 맞춰 표현들을 다듬어 샘플을 만들어 두면 필요할 때 각각의 항목을 바꿔 쓰기만 하면 상황에 맞는 품의서를 만들 수 있다.

개중에는 이런 형식 중심의 작성법은 좋지 않다고 생각하는 사람이 있을지도 모른다. 사실 나 자신도 과거에는 이렇게 형식적인 문서를 만드는 데 어려움이 많았다.

나는 원래 교육학자로서 창의적인 것을 추구해온 영향도 있어 사전에 정해둔 틀에 맞춰 생각하기만 해서는 좋은 결과를 얻을 수 없다고 생각했었다. 예를 들어 수업방식에 있어서도 '수업은 드라마다. 마치 생물과 같다. 처음부터 틀에 박힌 수업은 좋지 않다.'고 생각했던 것이다. 그런데 어느 때에 '생물처럼 살아 움직이는 것일수록 포맷이 있는 편이 일정한 결과를 얻을 수 있다'는 것을 깨달았다. 실제 수업에서도 미리 포맷을 만들어두는 편이 수업을 효율적, 효과적으로 진행시킬 수 있다. 결국 내 경우에는 수업에 포맷을 도입함으로써 교수 스킬을 향상시킬 수 있었다.

앞에서 말한 품의서의 포맷을 사용하면 학생이라도 어느 정도의 품의서는 작성할 수 있을 것이다. 포맷을 잘 활용하는 것만으로도 비즈니스 스킬이 한 단계 향상될 수 있으므로 꼭 알아 두기를 바란다.

품의서에 필요한 것은 명쾌함과 설득력

 품의서가 형식적인 글쓰기라는 점에 대해서는 충분히 이해가 되었을 것이다. 하지만 글쓰기의 모든 것을 다룬다는 게 이 책의 취지인 만큼 좀 더 실천적인 요소를 설명하고자 한다.

 포맷에 따른 품의서를 더욱 좋게 작성하기 위해 다음 두 가지를 기억하자. 하나는 '명쾌함'이요, 다른 하나는 '설득력'이다.

 예를 들어 대학 연구소의 연구자는 과학연구비 등 연구자금을 조달하는 경우가 있다. 그 연구비를 받기 위해 신청서를 작성하게 되는데, 이 신청서도 품의서와 비슷하다.

 신청서에서 요구되는 것은 문장의 수려함이 아니다. 필요한 것은 '정말로 그 연구비가 필요한가?'이다. 그것을 얼마나 '명쾌'하고 '설득력' 있게 쓰느냐에 따라 과학연구비 지급이 결정된다.

먼저 '명쾌함'의 중요성을 살펴보자.

품의서를 쓸 때에는 '언제까지', '어떠한 이유로', '무엇이', '얼마나' 필요한가가 빠져서는 안 된다. 나아가 '구체적인 제원', '기능', '견적금액', '도입 후 예상효과'도 작성해야 한다.

이들 요소가 하나라도 결여된 품의서는 처음부터 심사대상도 되지 못한다. 심사를 하기 위해서는 이 모두가 반드시 필요한 정보이기 때문이다. 그것이 누락되면 '정말로 필요한 것은 아닌가보다.' 하고 심사하는 측은 생각한다.

그러므로 품의서나 그에 준하는 문서는 명쾌하게 쓰는 것이 중요하다. 쓸데없는 내용이 많으면 많을수록 필요한 정보가 누락될 가능성이 커진다. 또 반대로 필요한 요소를 두루 갖추었다하더라도 쓸데없는 내용이 많이 섞여 있다면, 그것은 필요한 정보를 갖추지 않은 것과 별다른 차이가 없다.

필요한 요소를 명쾌하게 작성했다면 다음으로 필요한 것은 '설득력'이다.

품의서에서 '어떠한 이유로'와 '도입 후 예상효과'의 부분. 여기에서는 남다른 문장다운 문장의 힘을 발휘할 수 있어야 한다. 여기서 '화룡점정'의 승부수를 던질 필요가 있다. 예를 들어 검토해 온 기간의 길이나 참여인력의 수를 덧붙이면 설득력이 높아질 것이다. 나아가 객관적인 데이터를 추가하면 더욱 좋다. 특히 비용대비 효과를 비교하여 효과가 높다는 것을 데이터와 함께 제시하면 더 이상 좋을 수 없는 설득력을 확보하게 된다.

"이 연구가 제대로 진행되면 이 정도의 효과가 있다."라는 식으로 구체적으로 작성한다. 이것들을 확실하고 분명하게 작성함으로써 결정권자에게 '이렇게까지 했군, 그렇다면 들어줘야지.'라는 생각이 들게 한다면 승부는 끝난다. 이처럼 품의서와 같이 짧고 형식적인 문서라 할지라도 자신들의 뜨거운 열정을 상대방에게 전하여 마음을 움직일 수 있는 것이다.

나아가 품의서는 뒷받침이 되는 자료는 별도로 첨부하고, 가능한 한 A4 한 장으로 완성하는 것이 좋다. 회사의 예산에는 한도가 있다. 그리고 의사를 결정하는 직위에 있는 사람에게는 매일 많은 품의서가 올라온다. 따라서 품의서가 통과되느냐 아니냐는 그야말로 문서 전쟁이라고 할 수 있다. 그런 상사에게 몇 페이지나 되는 품의서를 읽으라는 것은 좋은 방법이 아니다. 한 번 훑어보는 동안에 '어~!' 하는 반응을 이끌어내야 한다. 상사의 마음을 잡을 수만 있다면 다른 상세한 내용은 "구체적인 사항은 첨부자료를 참조하십시오."라고 써 두는 것으로 끝내도 괜찮다.

실제로 첫 A4용지 한 장에 상사의 마음을 얻지 못하면 아무리 많은 첨부자료를 준비했다고 해도 삐딱한 시선으로 보게 되는 법이다. 그러나 첫 장이 주목을 받게 되면 첨부자료도 정독하게 된다. 따라서 첫 장에서 승부가 난다고 해도 과언이 아니다.

보고서는
감각적 요소의 종합이 중요

　직장인에게 보고서 작성은 피할래야 피할 수 없는 작업이다. 비즈니스의 다양한 국면에서 업무보고서, 출장보고서, 연수보고서 등 많은 보고서를 제출해야 한다. 그만큼 보고서의 작성 스킬을 마스터하는 것이 중요하다.
　보고서의 가장 큰 목적은 조직의 이익에 공헌하는 것이다. 보고서를 일상업무의 하나로 받아들이는 이들이 있는데 그것은 큰 착각이다.
　안이한 보고서는 기업에 이익을 주지 못한다. 그렇기는커녕 기업이 나아가야 할 방향을 잘못 제시해 커다란 손해를 끼칠 위험성을 내포하고 있다. 원래 기업이 성장하기 위해서는 새로운 가치를 계속해서 만들어 갈 필요가 있다. 그러기 위해서는 축적이 중요하다. 보고서 하나하나가 회사의 자산으로 축적되어 새로운 아이디어의 싹이 되는 것이다.

심하게 말하자면 형식적인 보고서만을 제출하는 사람은 조직의 이익에 공헌할 수 없고, 조직의 입장에서 보면 밥이나 축내는 식객에 불과하다. 그렇기 때문에 보고서 한 장을 쓰더라도 자신이 속한 부서의 이익을 늘리는 데 공헌해야 한다는 의식을 가지는 것이 중요하다.

예를 들어 고객 앙케트 조사결과를 보고서에 정리한다고 하자. 앙케트 조사를 보고할 때 다수의견을 제시하는 것은 당연하다. 그러나 그와 동시에 소수의견도 빠뜨리지 말고 실제적인 의견이나 참고가 되는 의견을 반드시 첨부하는 것이 중요하다. 그리고 그때 '앙케트에 기입해 준 그 문장을 그대로 살린다'는 것을 잊어서는 안 된다.

앙케트 결과를 보고서로 정리할 때 지면의 제약도 있기 때문에 비슷한 의견을 정리해 하나의 의견으로 축약할 필요도 있다. 그때 너무 일반적인 의견으로 표현해 버리면 가장 중요한 고객의 '생생한 감각'이 사라질 우려가 있다. 그래서는 신상품개발의 힌트가 될 수 있는 중요한 단서를 잃을 수도 있다.

사람의 말 속에는 '냄새'나 '체온'이라는 감각적인 부분이 배어 있

CHAPTER 03

다. 그것을 능숙하게 포착해서 알아듣는 사람이 있는가 하면 그렇지 못한 사람이 있다. 보고서를 정리할 때에도 그러한 감각적인 부분을 잘 포착하는 능력이 필요하다.

신제품 개발이나 개량의 아이디어는 단 한 사람의 생생한 목소리, 생생한 감각에서 얻을 수 있는 경우가 많다. 따라서 '앙케트에 작성해 준 그대로의 문장을 살린다.'는 점을 의식해야 한다.

지원서 작성법

　이 책은 이미 일하고 있는 직장인을 독자로 삼고 있다. 그러나 개중에는 장래에 도움이 될 수 있다는 생각에 이 책을 읽는 학생들도 있을 것이다. 그런 학생들을 위해 직장인이 되기 위한 첫걸음에 해당하는 지원서의 작성법을 설명해 두고자 한다.

　지원서란 취업활동을 할 때에 자신을 어필하기 위해 기업에 제출하는 문서를 말한다. 최근에는 기업 대부분이 지원서 제출을 의무화하고 있기 때문에 이것을 제출하고 평가를 받지 않는 한 시험장에 들어갈 수 없다. 많은 학생들은 이 지원서 작성에 상당한 부담을 느끼는데, 오히려 찬스로 받아들여야 한다고 생각한다.

　예를 들어 이력서에는 거짓을 기입해서는 안 되므로 잘 쓰려는

CHAPTER 03

노력이 개입할 여지가 별로 없다. 담담하게 사실을 기록하면 된다. 그러나 지원서는 학력이나 성적과는 관계 없이 자신을 어필할 수 있다. 그런 찬스를 놓쳐서는 안 된다.

지원서는 분량에 제한이 있는 경우가 많기 때문에 그 속에서 자신을 어필하기 위해서는 아무래도 문장력이 필요하다.

채용담당자는 수백 수천의 지원서를 읽어야 한다. 그 가운데서 '이 학생은 재미있네, 좀 더 이야기를 들어보고 싶다.'는 생각이 들도록 하는 것이 포인트이다. 채용담당자가 '흥미로운데.', '의욕이 느껴지는군.', '뭔가 참신하군.' 하고 느껴서 '만나 보고 싶다.'는 생각을 하도록 할 수 있는가 없는가, 그것이 중요하다.

"쓰라니까 썼다."든가, 포맷에 맞춰 회사명만 바꾸어 써 넣은 글을 자주 볼 수 있는데 이런 글로는 취업의 문을 열 수 없다. 만약 당신이 자전거를 타고 국토순례를 한 적이 있다면 그것을 쓰면 좋을 것이다. 그러나 그런 오리지널리티가 있는 경험을 가진 사람은 극히 적다. 대부분의 사람들은 지극히 평범하게 진학해서 서클활동이나 아르바이트를 하면서 무난한 학창시절을 보냈을 것이다. 그렇기 때문에 백지상태의 지원서를 앞에 두고 무엇을 어떻게 적으면 좋을지 고민하기 마련이다. 그러면 어떻게 쓰면 좋을까.

우선은 상대의 마음을 잡아둘 수 있는 문장으로 작성해야 한다.

너무나 일반적이거나 평범한 사고방식의 소유자임을 드러내서는 심사를 통과하지 못한다.

가장 나쁜 것은 자신의 경험이나 자신만의 사고방식이 보이지 않는 지원서다. 평범한 학창시절을 보낸 사람일수록, 예를 들어 "대학에서 무엇을 했는가?"라는 질문에 대해 "동아리에 들어가 음악을 했다.", "테니스를 쳤다.", "봉사활동을 했다."……라는 사실만을 늘어놓는 경향이 많다. 확실히 거짓말이 아니고 질문에도 답변을 한 것이기는 하다. 그러나 그래서는 담당자의 마음을 사로잡을 수 없다. 기업은 음악이나 테니스를 했다는 이유로 채용되는 곳이 아니다. 포인트는 그 가운데서 무엇을 알았고, 무엇을 생각했는가 하는 점이다.

스즈키 도시후미 鈴木敏文(세븐&아이 홀딩스 회장) 씨와의 대담집 《비즈니스 혁신의 본질》(매거진 하우스)을 출판했을 때 스즈키 씨는 이렇게 이야기했다.

"학창시절에 들어간 동아리 이야기를 하는 사람들이 많지만 그것은 의미가 없다. 무엇을 배웠는가를 듣고 싶다."

경험을 쌓는 가운데 자신이 무엇을 발견하고 어떻게 생각하였는가를 제대로 표현할 수 있는 문장력이 필요하다는 것이다.

그러면 좋은 지원서의 작성법은 어떤 것인지를 좀 더 구체적으로 살펴보자.

지원서에
적극성과 유연성을 어필하라

평범한 학창시절을 보냈다고 생각하는 학생들도 사실은 특이한 무엇인가를 반드시 가지고 있다. 그것을 발견하고 평범하다고 생각되는 에피소드 가운데서 무엇인가를 선택해 어떻게 임팩트 있게 표현할 것인가, 그것이 중요하다.

최근 자신이 전공한 학문에 관해서는 그다지 언급을 하는 학생들이 적어졌다는 생각이 든다. 채용하는 쪽에서는 '동아리활동으로 해온 음악이나 테니스에 대해 알고 싶은 것이 아니다. 공부해 온 내용을 듣고 싶다.'는 생각이 강하다. 물론 동아리활동에도 의미가 있으므로 전혀 다루지 말라는 것은 아니다. 그러나 그보다는 학생 본연의 '학문' 분야에 관해 솔직하게 자기 자신을 표현해야 한다.

"대학에 들어가 학문과 만나고 이론을 철저하게 공부한 덕에 세계관이 바뀌었고, 이러한 사고방식이 생겼습니다. 그래서 그것을 바탕으로 귀사에서 역량을 발휘하고 싶습니다."

그런 인재를 사회는 바라고 있는 것이다.

그러나 자신은 대학에서 공부다운 공부를 한 적이 없다. 동아리 활동이나 아르바이트만 하기에도 바빴던 학창시절이었다…… 그런 사람은 어찌해야 하는가?

그 경우는 자신의 체험을 중심으로 거기에서 무엇을 배웠는가를 포인트로 작성하도록 한다. 특히 자신이 어떻게 변화했는가를 어필한다. '변화'에 관해 쓰면 타인의 공감을 얻기 쉽기 때문이다. 그때 추상적인 이야기만 늘어놓으면 두각을 나타낼 수가 없다. "○○을 열심히 해 왔습니다."라고 쓰더라도 "그렇습니까."로 끝나게 된다. 그것이 아니라 "○○을 하는 가운데 **에서 이런 사태를 만나 @@을 배웠고, 자신은 이렇게 바뀌었습니다."라고 구체적인 장면을 상상할 수 있도록 해야 한다.

또 반성문이 되지 않도록 주의를 해야 한다. "이렇게 실패했습니다. 앞으로는 주의해야겠다고 생각했습니다."라고 해서는 안 된다. 예를 들어 아르바이트에서 실패한 이야기를 예로 드는 경우 실패한 내용을 쓰는 것이 아니라 거기서 배운 것을 써야 한다.

CHAPTER 03

 아르바이트를 한 편의점에서 고객으로부터 클레임을 들은 이야기를 한다고 하자. "클레임을 들었습니다. 앞으로는 주의해야겠다고 생각했습니다."만으로는 담당자의 눈길을 잡을 수 없다. 그러나 "그날 이후로 노트를 들고 다니게 되었습니다."라든가 "실수할 수 있는 것을 메모해서 매일 소리를 내어 읽었습니다."라고 적는다면 담당자의 눈이 머물게 된다. 그리고 '이 사람은 실패에 직면하면 그에 대처하는 능력이 있구나.'라고 평가하는 것이다.
 기업이 요구하는 것은 사고방식이 다각적이고, 변화에 유연하게 대응할 수 있고, 동시에 적극적인 인재이다. 그것을 어필할 수 있는 문장을 써야 한다.
 결국 '이 사람이라면 함께 일을 해볼 만하다.'라고 생각하게 하는 것이 중요하다. 누구라도 그렇지만 제멋대로인 사람과 함께 일하고 싶어 하는 사람은 없을 것이다. 기본적으로 긍정적이고, 정확한 대화가 가능하고, 다각적으로 사물을 볼 수 있는 사람과 일하고 싶어 한다.
 그러므로 지원서에는 우선 자신에게 적극성이 있다는 것, 커뮤니케이션 능력이 있다는 것, 동시에 자신의 의견을 분명히 말할 수 있다는 것 등 팀의 일원으로서 할 수 있는 점을 어필하는 것이 중요하다.
 그런 지원서를 작성하는 데 매우 유용한 테크닉이 있다.

지원서의 설문항목에 대해 각각에 해당하는 소재를 항목별로 작성해 보자. 적어도 10개, 가능하면 20개 정도는 찾아내도록 한다. 그것이 자신의 경험을 깊이 들여다볼 수 있는 계기를 마련해 준다. 나아가 그와 관련해 지금까지 자신이 영향을 받은 사람의 말이나 책을 읽고 인상에 남은 말을 정리해 본다. 그렇게 정리한 소재를 조합하고 순서를 정해서 문장으로 다듬는 것이다. 매우 감도가 좋은, 개성이 넘치는 아이디어로 가득한 문장을 만들 수 있을 것이다. 이렇게 몸에 익힌 문장력이 기업에 들어가서도 도움이 된다는 것은 말할 필요도 없다.

마지막으로 한마디. 지원서를 충실하게 작성하고 싶다면 평소에 열정적인 생활을 해야 한다는 것이다. 진정성을 가지고 몰입한 이야기는 글에서도 힘과 열기가 느껴진다.

CHAPTER 04

문장의 달인이 되는 원포인트 레슨

한 수 위의 글쓰기 기술

명확한 글쓰기의 목적은
사람의 마음을 움직이는 것

 앞에서 이야기한 내용을 읽고 실천하면 어느 정도 깔끔한 문장을 쓸 수 있을 정도는 될 것이라고 생각한다. 결국 평소 비즈니스 현장에서 곤란을 겪는 일은 없어질 것이라는 말이다.
 다음으로 이 장에서 목표로 하는 것은 단순히 비즈니스 문서의 작성 능력을 높이는 것이 아니라 한 사람의 성인으로서 일류 문장을 쓸 수 있도록 하자는 것이다.
 그러면 일류 문장이란 무엇인가?
 그것은 '사람의 마음을 움직이는 문장'이다. 그런 문장을 쓰려면 우선 자신의 일상에서 마음가짐이나 습관을 바꿔야 한다. 그래야 진정한 '언어의 힘'에 눈을 뜬다. 그 힘을 구사해 언어를 기능적으로

CHAPTER 04

구축하지 못하면 일류 문장을 쓰는 것은 불가능하다.

이 '사람의 마음을 움직이는 문장=일류 문장'은 반드시 문학적인 문장일 필요는 없다. 미사여구를 늘어놓지 않고서도 본질을 뚫어 보기 위한 최적의 '내용'과 '언어'가 있다면 충분히 상대방의 마음을 움직일 수 있다.

기업이나 사회가 직장인에게 요구하는 것은 '사물을 바라보는 관점이 좋다.', '재미있는 시야를 가지고 있다.'라는 포인트와 더불어 '마무리가 좋다.', '사람들과의 커뮤니케이션이 좋다.', '새로운 제안을 할 수 있다.', '정보를 수집하여 잘 활용할 수 있다.'는 혈을 짚는 문장이다. 결국 '지금 어떤 문제가 있고, 그러면 어떻게 하면 좋은가에 대해 분명하게 지적하고 스스로 수정하여 실행할 수 있는 능력'을 요구하고 있는 것이다.

이 이야기를 몇 번이나 강조한 바 있는데, 비즈니스 장면에서 문서를 작성할 기회는 상당히 많다. 그렇다고 해서 자사의 이익만을 강조하는 문장으로는 상대방은 불쾌감을 느낄 뿐 교섭의 자리로 불러낼 수 없다. 결국 자사의 이익은 무엇인가, 상대방의 이익은 어디에 있는가를 정확하게 파악하고 쌍방이 납득할 수 있는 방향으로 하지 않으면 안 된다.

그러면 쌍방이 납득할 수 있는 문장을 쓰기 위해서는 어떻게 하면 좋은가? 원래 비즈니스 문서는 비즈니스 상의 실무를 수행하고 목적을 달성하기 위해 작성하는 문서이므로 단계를 밟아 갈 필요가 있다. 최종 목적은 어디에 있는가를 명확히 한 뒤, 거기에 도달하기 위한 중간지점을 설정하고, 그 하나하나를 클리어하지 않으면 안 되는 것이다. 말할 것도 없이 교섭은 사람의 마음을 움직여 가는 작업이기 때문에 최종적인 목적은 상대방도 납득할 수 있어야만 한다.

예를 들어 상대방 회사와 새로운 거래를 시작하려고 할 때 문서의 최종 목적은 쌍방에 이익이 되는 것이어야 한다. 아무리 멋진 수사를 구사했다 하더라도 자사의 이익만을 우선하는 방식으로는 잘 될 수가 없다. 결코 자기중심적이지 않은, 상대에 대해서도 만족도가 높은 목표를 설정할 필요가 있다. 그때 기본적으로는 목표를 처음에 제시하고, 용건을 잘 전달할 수 있는 문장으로 작성해야 한다.

그렇다고 해서 모든 교섭마다 항상 용건을 분명히 말하는 것이 최선인가 하면 그렇지만은 않다. 오히려 완곡한 표현을 선택하는 편이 좋은 경우도 있다. 예를 들어 어떤 의뢰에 대해 거절을 할 때 그 거절의 이유를 너무 분명하게 밝히면 오히려 도움이 되지 않는 경우가 있다. 그 후의 관계가 단절되어도 좋다면 깊이 생각할 것 없이 분명한 이유를 통보하면 그만일 것이다. 그러나 앞으로도 관계를 맺어 가야 하는 상대의 경우라면 어떻게 하는 것이 좋은지에 대해 잘

CHAPTER 04

판단해야 한다.

그 결과 이유를 명확히 밝혀 거절하는 경우라도 이유는 분명히 할망정 '가능한 한 받아들이려는 노력을 했다.'와 같은 상대방의 감정에 대한 배려가 필요하다. 그래서 완곡한 표현을 많이 사용하는 것이다.

반대로 이유를 밝히지 않고 거절하기로 했다면 오히려 애매한 단어를 사용하지 말고, 명확한 언어를 구사해 거절하는 것이 좋다. 거절하는 이유를 밝히지 않은 채 감정을 배려한 애매한 단어만을 계속 사용하면 상대를 설득할 수가 없다. 그러면 최종적으로 상대방과의 관계가 단절될 가능성이 있기 때문이다.

상대의 요구에
적절하게 대응하는 기술

문장을 쓸 때 가능하면 포인트를 세 개로 정리하라는 것은 앞에서도 설명한 바 있다. 많은 논점을 검토해 그 가운데서 세 개로 좁혀 가다 보면 과부족이 없는 문장을 쓸 수 있다.

세 가지 요소를 선택할 때에 어떤 기준으로 선택해야 하는가 하면, 하나하나가 독립적으로 설 수 있는가를 기준으로 선택한다. 결국 하나의 요소만으로도 그 나름의 글을 쓸 수 있는 가능성이 있는가이다.

더 구체적으로 말하자면 '심기체^{心技體}│마음·기술·몸'와 같이 세 개의 기둥을 세우고, 그 위에 문장을 쌓아 간다는 이미지를 가질 수 있는가이다. 마음과 기술과 몸이라는 것은 각각 다른 것이지만, 서로

CHAPTER 04

가치를 가지고 있기 때문에 확실하게 기둥 역할을 할 수 있다.

그런 삼각대의 이미지로 문장을 쓰는 것이 중요하다. 그렇게 보면 프랑스 혁명에서 주창한 키워드, '자유, 평등, 박애'도 세 가지이다. '진, 선, 미'도 세 개의 키워드이고, 삼종의 신기라는 말도 있다. 또 기독교에는 '성부, 성자, 성령'이 '삼위일체'라는 개념이 있다. 이처럼 세 가지로 정리하면 이야기를 풀어 나가기가 쉽다.

나 자신도 글을 쓸 때에는 반드시 중요한 세 가지 포인트를 정해서 쓰는 것을 의식하고 있는데 그렇게 하면 확실히 빨리, 그리고 제대로 완성할 수 있다. 이 세 가지로 정리하는 방법을 활용하면 평생 글에 대한 고민은 안 해도 좋을 정도다. 논문을 작성할 때도 대개 세 가지로 골격을 잡고, 필요에 따라 전후에 장을 추가하는 방식을 사용하면 된다.

어느 출판사에서 전국시대 무장 가운데 최강이라고 불리는 인물은 누구인가에 대해 앙케트와 더불어 600자의 설명문을 써 달라는 의뢰가 있었다.

나는 최종적으로 모리 모토나리毛利元就에 대해 썼는데, 그때 나의 사고 과정을 살펴보고자 한다.

| 우선 전국시대 최강의 무장이라고 하면, 아무래도 오다 노부 |

나가織田信長, 도요토미 히데요시豊臣秀吉, 도쿠가와 이에야스德川家康를 들 수 있다. 천하통일의 길을 열어 젖힌 것은 이 세 사람이므로 마땅히 그러하다.

그러나 그것은 너무나 당연하다. 출판사가 다양한 무장을 대상으로 앙케트를 받고 있는 이상, 가능한 한 개성적인 인물을 소개받고자 하는 기대가 있음에 틀림이 없다.

그러면 도대체 누구를 선택해야 하는가?

전투실적이나 당대의 성취를 기준으로 생각해 보면 모리 모토나리는 전국시대 무장 가운데서도 발군이다. 또한 전략을 구사하여 싸움을 유리하게 이끌어 가는 지략은 그야말로 전국 무장의 정점이라고 할 수 있다. 이것이 첫 번째 기둥이 된다.

또 모토나리는 '세 개의 화살' 이야기로 유명하다. 그 이야기 자체는 사실이 아니라는 설이 더 많지만 그 배경이 된 편지가 있다.

결과적으로 이 편지 덕분에 가족들을 하나로 강고하게 묶어 모리가의 명맥을 유지하고, 전국시대에 다이묘大名의 자리를 유지하는 데 성공한 것이다.

부자·형제 간에 서로 죽이기를 서슴지 않았던 전국시대에 이것은 특필할 가치가 있다고 생각했다.

CHAPTER 04

　그리고 모토나리의 유언대로 일족의 결속을 유지한 채 에도 시대에도 멸망하지 않고 살아남았다. 그뿐 아니라, 에도막부 말기에는 웅번으로서 크게 도약하고 마침내는 에도막부를 쓰러뜨리는 역할을 했다.

　그러므로 두 번째 기둥으로서 모토나리 일족 솔선의 수완과 그 결과 마지막에는 막부토벌에 이르기까지의 영향력을 선택한 것이다. 이를 통해 설득력 있는 글을 쓸 수 있다고 생각했다.

　그러면 마지막 기둥은 무엇인가?

　모리가는 이시미 은산石見銀山을 손에 넣음으로써 번영의 기반을 다지게 되었는데, 당시 은은 세계사에도 영향을 미칠 정도로 중요한 것이다.

　그러므로 글로벌한 시점을 가미하면 재미있겠다는 점에서 은을 세 번째 기둥으로 선택했다.

　이처럼 상대방의 리퀘스트에 따라 우선 세 가지 기둥을 세워 글을 쓰는 것이다. 세 가지 기둥의 선택이 끝났다면 글은 이미 반 이상은 완성된 셈이다. 남은 것은 시간이 더 걸릴 수도 있지만 실무적인 시간이지 사고작업은 거의 끝난 것이 된다.

　이러한 사고는 따로 종이에 적지 않아도 가능하다. 생각이 떠오면 스마트폰의 메모장에 기입해도 좋다. 그렇게 해두면 언제라도 글을 쓸 수 있다.

우선적으로 늘려야 할
어휘력과 의미함유율

　문장의 달인이 되는 것은 그리 간단한 일이 아니다. 먼저 학생 수준의 문장력에서 벗어나 직장인다운 문장을 구사하는 단계가 필요하다고 생각한다. 그 단계를 클리어하기 위해서는 앞에서 설명한 것처럼 상사나 선배의 참고할만한 메일이나 문서를 입수하여 '아, 이런 때에는 이런 식으로 글을 쓰는구나.'라고 배우는 단계를 밟지 않으면 안 된다. 결국 사례를 하나하나 보고 흉내 내는 것이 문장의 달인이 되기 위한 기본이라 할 수 있다.
　여기서 특히 주의해야 할 것이 하나 있다.
　이렇게 해서 배울 수 있는 것은 문장의 사례만이 아니라는 사실이다. 이런 방법은 어휘력 향상에도 커다란 도움이 된다. 세상에는 분명 '직장인들만이 사용하는 어휘'가 있기 때문이다.

직장인에게 필요한 어휘력을 강화하기에 가장 적합한 수단은 바로 신문이다. 실용적인 문장의 작성법과 어휘력. 이 두 가지를 습득하기 위해서는 가능한 한 군더더기 없이 정보에만 충실한 문장, 즉 신문을 소리 내어 읽는 것이 가장 효과적이다.

매일 소리 내어 신문을 읽어 보자. 이를 반복함으로써 '아, 이 짧은 공간에 이렇게 많은 요소들을 용케도 잘 담았구나.' 하고 느낄 수 있게 된다. '이 정도 공간에 이만큼의 요소를 담아내는 것은 쉬운 일이 아니겠구나.'라고 생각하면서 읽는 것만으로도 문장의 코스트 퍼포먼스, 즉 '글자 수 안에서의 의미함유율'이라는 것을 의식하게 되는 것이다.

글을 쓰는 데 있어 이 '의미의 함유율'은 대단히 중요한 포인트이다. 의미함유율이 낮은 문장을 읽는 사람은 위화감을 느끼게 될 것이다.

예를 들어 논문이라면 '도저히 논문이라는 생각이 들지 않는다. 어떻게 이렇게 형편없는 글을 쓸 수 있지?'라고 생각하게 할 뿐 아니라 심할 때는 '이 친구, 머리가 나쁜 거 아냐?'라고 생각하게 만드는 경우도 있을 수 있다. 마찬가지로 의미함유율이 낮은 비즈니스 문서는 '이 사람은 개념이 없구나.', '비즈니스 상대로 어울리지 않겠다.'는 인상을 주게 될 것이다.

그러므로 비즈니스 문서를 작성할 때에는 우선 하나하나의 요소가 빠짐없이 들어 있는가에 충분한 주의를 기울여야 한다.

컴퓨터로 작성할 때도 우선 포인트를 항목별로 써 내려간다. 물론 그것은 아직 문장이 아니므로 문장으로 다듬는 순서가 남았지만 비즈니스 문서의 경우 문장을 아주 잘 쓸 필요는 없다.

메일을 쓰는 경우는 편지와 달리 '제1은 이것, 제2는 이것, 제3은 이것'이라는 식으로 항목별로 작성하더라도 이상하지 않다. 오히려 그 편이 더 낫게 보이는 경우가 많다. 우선은 모든 요소를 다 적어 보고, 불필요한 것을 제거하거나 나중에 필요하다고 생각되는 것은 추가한다. 그러면서 정말로 하고 싶은 말이 모두 과부족 없이 표현되어 있는가를 확인한다. 그렇게 해서 최종적으로 마무리하는 것이 중요하다. 또 일단 문장을 작성한 후 그것을 그대로 상대방에게 발송하는 것은 위험하다. 이상한 곳은 없는지, 빠진 것은 없는지 확실히 검토해서 수정하는 작업이 반드시 필요하다.

신입사원 시절에는 만든 문서를 상사에게 보여주었을 때 "여기는 좀 이상한데."라든가 "여기를 좀 더 수정해라."는 식의 주의를 받는 경우가 많다. 그때 그것을 바로 수정한 뒤 곧바로 상사에게 다시 제시하는 자세, 즉 스피드 감각이 대단히 중요하다.

수정은 누구에게나 피곤한 일이다. 시간이 흐르면 흐를수록 수정 작업은 더 부담이 된다.

수정 포인트를 지적당한 경우는 문서를 막 작성한 따끈따끈한 때이다. 그 단계에서 바로 수정하고, 그 자리에서 완성하도록 하자. 나중에 다시 한번 살펴보자고 생각해도 1, 2주가 흐르고 나면 아주 잊어버리게 되는 경우도 많다.

쇠는 뜨거울 때 두드리라는 말이 있는데, 글도 따끈따끈할 때 완성하는 것이 중요하다. 그렇게 하면 나중의 노력이 절약된다.

비즈니스맨의 교과서는
신문과 신간서적이다

선인들의 지식을 배우지 않고서 좋은 글을 쓴다는 것은 불가능하다.

현대의 직장인이 글쓰기 능력을 높이기 위해 절대적으로 읽어야만 하는 기본서는 신문과 신서라고 생각한다. 물론 여유가 있다면 고전을 읽는 것도 좋다. 고전은 일생에 걸쳐 우리 정신세계의 중심을 잡아주는 것으로, 한 권에 신서 열 권 이상의 가치가 있다고 생각한다. 그러므로 경우에 따라서는 열 배 이상의 시간이 걸리더라도 고전을 읽는 것이 코스트 퍼포먼스가 좋을 가능성이 있다.

그러나 갑자기 고전을 읽는 것은 피곤한 일이 될 수도 있다. 또 아무래도 자신의 전문분야와 관련 있는 분야의 서적을 읽는 것이 즉

효성이 있을 수밖에 없다.

각 전문분야가 콤팩트하게 정리되어 있는 것이 바로 신간서적이다. 이동할 때의 짬을 이용해서 신간서적을 읽는 습관을 들이면 글쓰기 능력의 기본체력을 만들 수 있다. 약간의 시간이라도 날 때는 스마트폰으로 넷서핑을 하지 말고 신간서적을 비롯해 '책을 읽는' 습관을 들이기를 바란다.

내가 알고 있는 학자는 도쿄와 니가타를 왕래하는 시간에 두세 권의 책을 읽는다고 한다. 도쿄와 니가타는 신칸센新幹線을 타면 꽤 가깝다. 그러므로 자연히 속독을 하게 되는 셈이다. 속독은 그다지 바람직하지 않다. 그러나 현대사회는 자유롭게 쓸 수 있는 시간이 한정되어 있으므로 읽어야 할 책 모두를 숙독하는 것은 우선 불가능하다.

읽을 가치가 있는 책은 너무 많은 데 비해 시간은 적은 세상이니 '속독이냐, 숙독이냐 그것이 문제로다.'라는 고민을 할 만도 하지만, 과감하게 그런 고민은 떨쳐 버리자. 기어를 바꾸는 감각으로 자신에게 있어 중요하다고 생각되는 책은 숙독을 하고, 그 내용이 무엇인지 정도만 파악하면 되는 책은 속독을 한다는 식으로 정해 두면 될 것이다.

신문을 최대로 활용하는
글쓰기 훈련

　글쓰기 능력을 키우기 위해서는 주변을 항상 활자가 있는 상태로 만들어 둘 필요가 있다. 그러므로 활자로 채워진 신문을 매일 보는 습관을 들이는 것은 글쓰기 능력 향상에 커다란 효과가 있다.

　신문을 중얼거리듯 소리 내어 읽는 것이 가장 좋지만 눈으로 훑어보는 것만으로도 상관없다. 오히려 눈으로 대강 훑어보는 가운데 전체 내용을 파악하는 훈련을 계속하는 것은 읽기 능력을 높이고, 나아가 글쓰기 능력을 높이는 첩경이 되기도 한다.

　만약 당신이 신문을 읽고 있지 않다면 내일부터라도 당장 신문을 읽는 습관을 들이는 편이 좋을 것이다. 그렇게 해서 중얼중얼 기사를 읽고 의미함유율이 높다는 것이 무슨 의미인지를 알 수 있게 되면 다음 스텝으로 넘어가도 좋다.

다음 스텝은 신문기사를 스크랩하고 코멘트를 적는 것이다.

구체적으로 말하자면, 우선 매일 신문에서 가장 마음에 드는 기사를 하나만 스크랩해서 노트의 왼쪽에 붙인다. 그리고 오른쪽에 그 기사에 관한 코멘트를 남기는 것이다. 그렇다고 오른쪽에 적는 코멘트의 내용이 대단한 것일 필요는 없다. 왜 그 기사를 선택했는지, 기사에 대해 어떤 의견이나 제안이 있는지 정도의 간단한 것도 좋다. 그것을 매일 반복함으로써 점점 직장인에게 필요한 문장력을 얻을 수 있다.

'신문을 보고 하나의 기사를 스크랩한다.'는 것은 1면에서 마지막 페이지까지 전부 보고 그 가운데 하나를 선택하는 일이다. 그만큼 많은 정보를 접하는 셈이므로 다양한 지식이나 어휘를 익혀서 글쓰기에도 도움이 되는 것이다. 또 매일 하나의 기사를 선정하는 가운데 왜 자신이 그 기사에 마음이 갔는가를 생각해 보는 계기도 된다. 그리고 스크랩한 기사에 애착을 느끼고, 오른쪽 페이지에 점점 더 많은 코멘트를 남기게 되는 것이다.

코멘트를 쓰는 작업을 계속하다 보면, 점점 쓰는 내용에 깊이가 더해진다. 2~3개월 지속해 보면 에세이로 어딘가에 제출을 하더라도 부끄럽지 않은 코멘트도 몇 개는 생기게 될 것이다. 신문을 스크

CHAPTER 04

랩하고 코멘트를 달아 보라고 하면 대단히 단순하고 반복적인 작업이라고 생각할지도 모르겠다. 그러나 문장력 향상이라는 측면에서는 대단히 효과적인 훈련법이다.

  나는 대학생들에게 이 방식을 실천하도록 하고 있는데 2주만에도 그 효과는 확실했다.

정반합의 1인변증법으로
사고력을 키우라

　변증법이란 '정·반·합'의 스텝에 의한 논리전개법을 말한다. 예를 들어 어떤 테마에 대해 우선 '정'인 찬성의견을 진술하고, '반'이라고 하는 반대의견을 정리한다. 그러고 나서 최종적으로 논의의 성과인 '합'을 서술하는 방식이다. 그렇게 함으로써 사고의 깊이를 더하고, 결론을 좀 더 고차원적인 것으로 만드는 것이다.

　나는 이 변증법을 글을 쓸 때에도 활용해야 한다고 생각한다. 결국 하나의 글을 쓸 때 자기 속에서 '정·반·합'의 스텝을 밟으라는 것이다. 하나의 글 안에 찬성과 반대, 그리고 양자를 넘어서는 결론을 써 내려간다는 것인데, 그러한 사고방식으로 써진 문장은 그 자체로 일정 수준을 클리어한 문장이 된다.

CHAPTER 04

사실 이 기법은 사고를 깊게 하기 위한 전통적인 필살기이다. 플라톤도 '대화편'에서 사용했고, 갈릴레오도 '천문대화'에서 대화형식을 빌려 논의를 전개하고 있다.

1인변증법을 익히는 것은 우선 자기 속에서 찬성과 반대의 입장을 나누어 생각하는 것으로부터 시작된다. '이 논점에 관해서는 이렇게도 말할 수 있지만 반대로 이렇게도 생각해볼 수 있다.'는 식이다. 그래서 나온 다양한 의견(때로는 모순된 의견)을 마지막으로 자기 자신이 중개자가 되어 정리해 간다. '이 지점에 도착하면 다른 선택지를 남겨두면서 납득할 수 있는 의견에 도착할 수 있는 것은 아닐까?', '이 점에 있어 양자의 의견은 정반대처럼 보이지만, 이 점에 관해서는 같은 의견이 아닐까?' 이런 식으로 공통사항이나 다음 스텝을 생각하면서 그것을 해결하기 위한 제안을 거듭하고 그 과정을 통해 대립을 초월한 결론에 도달해 가는 것이다.

이러한 변증법적 사고의 구조가 보이는 글은 사람을 납득시키는 힘을 품고 있다. '이 사람은 정말로 유연한 사고를 할 수 있는 사람이구나.'라고 직감하는 것이다.

독일의 철학자 헤겔은 "변증법적 운동이란 이 세계의 근원적인 원리이다."라고 한 바 있다. 무엇보다도 상반되는 것들도 함께 검토하면서 새로운 의견이 태어나는 프로세스는 사람의 마음을 움직이기에 충분하다. 그렇기 때문에 더욱 1인변증법으로 작성된 글은 읽는 사람들을 깊이 납득하도록 하는 힘을 가지고 있는 것이다.

그러나 1인변증법에 의한 글은 시작에서 끝까지 일직선으로 나아가는 작성법과 달리 아무래도 논의의 기복, 우왕좌왕이 심해진다. 무엇을 이야기하고자 하는가를 알 수 없는 글이 되지 않도록 주의가 필요하다.

관점을 바꾸면, 이 1인변증법을 활용해서 글을 쓰다 보면 '문장을 이어가는 힘'을 효과적으로 단련하는 훈련이 된다.

1인변증법을 마스터하여
본질을 꿰뚫어보는 사람이 되라

이 1인변증법의 사고력은 글을 쓸 때만이 아니라 사회생활을 하는 데 있어서도 대단히 중요하다.

1인변증법적인 사고력을 익힌 사람과 그렇지 못한 사람은 단순히 감정에 의해 세상을 판단하는 사람으로 끝날 것인가, 그렇지 않으면 세계의 본질을 꿰뚫어보는 사람이 될 것인가? 하는 차이를 낳는다.

편의점을 운영하는 세븐&아이 홀딩스 회장인 스즈키 도시후미鈴木敏文 씨는 신입사원을 대상으로 이렇게 말했다.

"고객의 관점을 절대로 잃지 마라. 여러분은 지금까지 우리 회사의 고객이었으므로 그 고객의 관점을 잃지 않는 것이 가장 중요하다."

 그러나 사람은 결국 자신이 처한 입장에서만 상황을 이해하는 경향이 있다. 알고 있어도 다른 입장에서 상황을 판단해 봐야 한다는 사실을 잊는 것이다. 그러나 실제 사회에 나왔을 때 가장 중요한 것이 바로 이 능력이다. 많은 기업이 '고객 제일주의'를 내세워 고객의 입장에서 자신의 회사를 바라보는 능력을 요구하고 있다. 그것은 민간기업만이 아니라 공적 기관에서도 필요한 능력이다.

 판매직에 있는 사람이 '나는 파는 입장에 있지만 고객의 입장에서 매장을 판단해 보자.', '접객업무를 고객의 시선에서 재검토해 보자.', '가격의 적정성을 따져 보자.'는 자세를 가지면 그것만으로도 조직에서 아낌을 받는 사람이 될 것이다.

 다시 말해 이는 한 사람 한 사람이 복수의 관점을 갖는 것이 요구되는 시대가 되었다는 것이다.

 1인변증법으로 자신의 생각을 다듬어 가면 대립하는 것처럼 보이는 사항에 대해서 유연하게 대응하고 주위와의 관계를 형성할 수 있게 된다. 이렇게 하다 보면 상황을 좀 더 건설적인 방향으로 리드해가는 리더십 또한 익힐 수 있게 된다.

평범한 내용은 부끄럽고, 일반론은 무의미하다

그런데 글을 쓰는 데 있어서 '평범함을 거부하려는 노력이 필요하다.'는 것도 지적해 두고 싶다.

우리는 보통 대중적인 말하기에 약한 것이 사실이다. 무엇인가 코멘트를 요청받아도 "비교적 좋았다.", "기쁘다.", "뭐라고도 할 수 없다."라는 평범한 말만을 되풀이하는 경향이 많다.

하지만 그런 코멘트를 듣고 싶은 사람은 아무도 없다. 예를 들어 회사의 기획회의에서 그러한 코멘트만을 늘어놓는다면 누구도 상대하려고 하지 않을 것이다.

그런 의미에서 이러한 코멘트 능력의 향상은 현대사회에서는 중요한 과제가 되었다. 대화의 경우, 코멘트 능력이 커다란 비중을 차지한다. 촌철살인과도 같은 코멘트가 있으면 커뮤니케이션의 충실도가 높아진다.

글도 마찬가지이다. 다만 대화에 있어서의 코멘트와 글로 표현하는 코멘트는 그 무게가 다르다. 대화 속에서는 "비교적 좋았다."라는 평범한 말을 하더라도 크게 문제가 되지 않을지도 모른다. 그러나 그것을 문장으로 쓰게 되면 아무런 의미도 없는 공허한 말이 된다. 그리고 그 공허감이 계속해서 남게 되는 것이다.

문장에서 평범한 어휘를 대수롭지 않게 사용하는 감성은 부끄럽게 생각해야 한다. 어느 정도는 어쩔 수 없다 하더라도 그 평범함을 넘어설 수 있는 문장력을 기르는 것이 중요하다는 걸 명심하자.

그리고 일반론의 나열도 피해야 한다. 아무래도 우리는 부화뇌동형이라고도 할 수 있는데, 다른 사람의 언동에 쉽게 동조하는 경향이 있는 것 같다. 그리고 논의를 하는 자리에서도 일반론만을 피력하는 경우도 많다. "화합이 가장 중요하다."라는 말이 있듯이, 무엇을 하는 데 있어 모두가 사이 좋게 언쟁을 하지 않는 것이 좋다는 문화를 가지고 있다 보니 일반론을 되풀이하는 경향이 생긴 것일지도 모르겠다.

물론 그것이 모두 나쁘다는 것은 아니다. 그러나 나는 평범한 표현만을 대수롭지 않게 사용하면서 진지한 논의를 폭넓게 해야만 하는

CHAPTER 04

장에서도 일반론만이 넘쳐나는 것은 아무래도 문제라고 생각한다.

그런 우리와 대척점에 있는 것이 프랑스인이다. 프랑스인은 전 국민이 그렇다고 해도 좋을 만큼 누구나 적극적으로 논쟁을 좋아하고, 어쨌든 자신의 생각이나 의견을 표현하려고 한다. 그 이유를 물어보니 프랑스인에게는 '다른 사람과 같은 것은 부끄럽다.'라는 감각이 있다고 했다. 그 감각은 강박관념에 가까울 정도로 '다른 사람과 다른 것을 말하지 않으면 자신의 존재가치가 없어진다.'고 인식하는 것이다.

우리가 프랑스인 수준의 자기주장을 하는 것은 물론 쉽지 않은 일이겠지만 일반론만을 늘어놓으면서 살아가는 사람이 너무 많다는 것이 문제임에는 틀림이 없다.

현대사회에서 요구하고 있는 것은 '타인과 다른 의견을 내놓는' 것이다. 당연한 것만을 말하거나, 일반론을 마치 무슨 의미가 있는 것처럼 적어 놓아도 사회적인 평가를 얻기는 어려울 것이다. 그리고 그러한 경향은 앞으로도 더욱 강해질 것이다.

그러므로 글쓰기를 할 때에도 우선은 일반론을 넘어서서 이야기를 시작하는 것이 중요하다. "일반적으로는 이렇지만, 나는 이렇게 생각한다."는 식으로 일단은 일반론을 언급한 뒤에 자신의 관점을 제시해야 한다.

괴이함을 자랑하라는 의미가 아니다. 일반론과는 다른 곳에 빛을 비추고 사상의 본질을 밝힌다는 뜻이다. 지금까지 누구도 주목하지 않았던 부분에 눈길을 주고 본질을 파악하려는 노력을 잊어서는 안 된다.

'자신의 관점을 갖는다.'는 과제를 끊임 없이 자신에게 부여하는 것, 그것이 글을 쓰는 작업이다.

인용을 하면
만족도가 높아진다

글에는 '매듭'이 필요하다. 그리고 새로운 발견을 가능하게 하는 글이란 바로 '매듭'이 있는 글이다.

그렇다고는 해도 그런 글은 하루 아침에 쓸 수 있는 것은 아니다. 스스로 매듭이 있는 멋진 글을 쓸 수 있다면 그보다 좋은 일은 없을 것이다. 그러나 그 레벨에 도달하기 위해서는 상당한 시간과 노력이 필요하다.

또 읽는 사람을 감동시키는 새로운 발견이 언제나 가능한 것은 아니다. 그래서 비교적 간단하게 문장에 매듭을 만드는 테크닉의 하나로 '인용문을 잘 활용하는 방법'을 소개하고자 한다.

프로야구의 명포수, 명감독으로 활약한 노무라 가쓰야 野村克也 씨가 즐겨 사용하는 말 중 이런 것이 있다. "승리에는 이유가 없지만 패배에는 이유가 있다." 이 말은 굉장히 유명하지만 실은 에도시대의 다이묘이며 검술의 달인이기도 했던 마쓰우라 세이잔 松浦静山의 검술서《상정자검담 常精子劍談》이 출전이다.

오랜 기간 사람들의 입에 오르내리며 사용되어 온 말은 현대인의 마음에도 강한 영향을 준다.

그런 말을 출전을 밝히고 글 속에 잘 사용하면 글이 더욱 빛나기 시작하고, 읽는 이에게 '읽기를 잘 했구나.' 하는 느낌을 줄 수 있다. 다만 너무 자주, 누구나 알고 있는 문구만을 인용하면 읽는 이에게 감동을 주기는커녕 진부한 싸구려 글이라는 인식을 줄 수 있으므로 주의가 필요하다. 단순한 정보의 반복이 아니라 자신의 이야기가 있고 그 이야기를 뒷받침하기 위해 그 인용을 노무라 씨와 같이 적절하게 사용할 필요가 있다. 이 인용의 노하우를 기르기 위해서는 스스로 '반드시 인용을 활용한다.'는 매듭을 지으면서 글 쓰는 연습을 하면 좋다.

나는 수업에서 학생들에게 반드시《논어》의 한 구절을 사용하여 에세이를 쓰라는 과제를 내곤 하는데, 학생들은 의외로 쉬운 과제라고 했다. 내가 과제를 줌으로써 학생들은 자신의 에피소드에 갖다 붙일 구절이 있을까 생각하며 리서치하는 감각으로《논어》를 들

CHAPTER 04

여다보았을 것이다. 그 결과 '아, 이것이라면 나도 비슷한 에피소드가 있다.'는 식으로 자신에게 맞는《논어》구절을 찾을 수 있었을 것이다.

원래 자신이 가지고 있는 에피소드에 맞는 구절을 찾아 인용하는 것이므로 당연히 쉽게 느껴졌을 것이고, 완성된 문장도 빛을 발하게 된다.

사정을 모르는 사람이 읽으면 '아주 좋은 타이밍에 인용을 잘했구나.'라고 감탄할 것임에 틀림이 없다. '에피소드를 쓰고 있는 동안에 문득 논어의 한 구절이 떠올랐다.'는 식으로 표현함으로써 교양 있는 필자로 보일 수 있다.

다만 인용을 남발하지 않도록 주의하자.

예를 들어 속담을 사용할 때에도 문장의 마무리가 항상 '서두르면 일을 그르친다.'거나 '바쁠수록 돌아가라.'는 식의 고루한 것이라면 그 앞의 문장이 뻔하게 눈에 들어와서 재미없는 설교를 듣는 것과 같은 기분이 되어 버린다.

명언을 사용할 때에도 마찬가지이다.

명언들은 널리 알려져 있는 만큼 아무래도 식상함을 느끼기가 쉽다.《논어》에서 인용을 하더라도 '서른에 입立하고, 마흔에 불혹不惑'이라는 식으로 인용을 하면 임팩트가 없고 더는 읽고 싶다는 마음도 사라진다.

   인용을 하려고 생각했다면 그다지 알려지지 않은 어휘를 인용하는 것이 좋다.

   예를 들어 '불분불계 不憤不啓'라는 말이 있다.

   《논어》의 술이편 8장에 나오는 말로 '알고자 애쓰지 않으면 가르쳐 주지 않는다.'는 의미인데, 아마 들어 본 적이 별로 없을 것이다. 이 말에 이어지는 것은 '불비불발 不悱不發'로, 표현하려고 애쓰지 않으면 이끌어 주지 않는다는 뜻이다. 여기서 '계발 啓發'이라는 말이 나왔다.

   이러한 인용이 글 가운데에 나타나면 읽는 사람은 '잘 몰랐던 명언을 하나 알았다.'는 감사의 마음이 생기게 된다. 그리고 글에 대한 만족도가 높아지고 필자에 대한 존경심이 생기는 것이다.

| 협상문서 원포인트 레슨 1 |

기본이 되는 세 가지 포인트

상대방과 교섭하는 문서에는 상당히 고도의 기량이 요구된다. 그 때에 주의해야 할 중요한 포인트로 ①이익, ②옵션, ③BATNA 세 가지를 들 수 있다.

우선 ①이익에 관해 살펴보자.

교섭은 말할 것도 없이 서로 이익을 확보하기 위해서 하는 것이지만 자신의 이익만을 주장해서는 아무리 시간이 흘러도 결말이 나지 않는다.

자신의 이익을 최대화하는 것을 목표로 하는 일은 당연하지만 상대방의 이익도 마찬가지로 최대화하는 방법을 찾지 않으면 안된다. 확실하게 검토해서 윈윈의 관계가 될 수 있는 길을 찾는다는 기본

자세가 요구된다.

거기서 우선 상대방에게 무엇이 이익이 되는 것인가를 명확하게 설명할 필요가 있다. 그것도 상대방이 제시한 내용이 아니라 이쪽에서 발견하고 찾아낸 상대방의 이익을 소탈하게 전달하는 것이 중요하다.

노력이나 비용에 대한 이익이 커질수록 상대방이 받아들일 가능성이 커지므로 금전 이외의 이익도 있다면 그것도 포함해서 제시할 때 성공확률이 높아질 것이다.

그렇다 해도 그것을 문장상 "이익은 이것이것이다."라고 직접적으로 명시한다면 하수라는 평가를 받을 위험이 있다. 그래서 "이러한 점도 귀사의 향후 사업에 도움이 될 수 있으리라 생각합니다."라는 완곡한 표현으로 전달하는 편이 좋을 것이다.

다음으로 ②옵션은 선택지를 남겨 둠으로써 상대가 고를 수 있는 입장이라는 인식을 갖도록 하는 것이다.

선택지가 없는 교섭을 성립시키는 것은 좀처럼 쉬운 일이 아니다. 아무리 좋은 조건이라 하더라도 선택지가 하나만 있다면 교섭상대는 그것을 강요당하는 것이라는 기분에 휩싸여 결정을 주저하게 된다. 그에 비해 A, B, C라는 세 가지 선택지가 있다고 한다면, 상대방은 여유를 느끼고 '그렇다면 A가 좋을까?' 혹은 '그렇지 않으면 C가

CHAPTER 04

좋을까?'를 검토할 마음이 드는 것이다.

그러므로 여행플랜과 같이 "A, B, C의 루트가 있고, 나아가 이러한 것도 같이 할 수가 있다."라는 제안을 해야 한다고 생각한다. 또 이들 선택지의 난이도를 바꾸어두는 것도 중요하다. 난이도가 같다면 몇 가지 선택지가 있다고 하더라도 그다지 의미가 없다.

난이도가 다른 복수의 선택지가 있다면 '최소한 가장 평이한 조건은 받아들이지 않을 수 없겠구나.'라고 생각함으로써 거절하기 어려운 상황이 된다.

당신에게 월간지에 실을 원고의 집필의뢰가 왔다고 하자. 그 의뢰서에 "4월 30일이 마감입니다."라고 적혀 있다면 "지금은 바쁘니 마감일을 지킬 수 없습니다."라고 거절하는 것이 가능하다. 그런데 "4월 30일까지 보내 주시길 희망합니다. 바쁘셔서 그것이 불가능하다면 제2안으로 다음 달 마감인 5월 말일, 제3안으로 다다음달 마감이 되는 6월 말일을 희망합니다."라고 쓰여 있다면 마감을 이유로 거절하기는 어려울 것이다. 의뢰할 때에 사전준비가 잘되어 있다면 이와 같이 단계적인 조건을 제시함으로써 확실하게 상대방의 응낙을 이끌어 낼 수 있다.

그리고 세 번째가 ③BATNA이다. 이것은 'Best Alternative To a Negotiated Agreement'의 약어이다.

교섭이 합의로 끝난다면 그것이 최선이겠지만, 교섭이 결렬될 가능성은 항상 존재한다. 때문에 교섭을 개시하기 전에 결렬될 경우에 대비하여 준비해두어야 할 대안을 BATNA라고 한다.

결국 교섭이 최종적으로 잘 마무리되는 것이 가장 좋지만 때로는 실패하거나 결렬되는 경우도 있을 것이기에, 그럴 때에 자신에게 명확한 다른 선택지가 있는 상태에서 교섭을 하는 것이 중요하다는 뜻이다.

예를 들어 어떤 상품을 A사에 팔려고 할 때, 교섭대상이 A사밖에 없는 상황이라면 상대방에게 약점을 잡혀 상대방의 말을 따르지 않으면 안 될지도 모른다. 그러나 A사가 아니면 B사가 있다, B사가 아니라면 C사가 있다는 식으로 제2, 제3의 교섭의 길을 열어 두면 일방적으로 A사에 이끌려 다니는 사태를 피할 수 있다.

특히 도움이 되는 것이 조건을 조율할 때이다. 교섭 중에 동업 타사의 조건과 비교하는 것이 가능하다면 판단을 그르칠 가능성이 대폭 줄어든다. 또 비록 양보하지 않으면 안 될 때나 어디까지 양보할 수 있는가를 정확하게 판단할 수 있다는 것이다.

그리고 만일 A사와의 교섭이 결렬되어도 B사나 C사와의 교섭을 추진하면 되므로 정신적인 여유도 생기게 될 것이다. 정신적인 여유는 교섭에 있어서의 적절한 판단으로 이어진다. 물론 정면에서 '귀사가 안 되더라도 B사와 C사가 있다.'는 태도를 보인다면 A사는 '저울에 올려놓는 것인가?'라며 불쾌감을 느낄 것이다.

그러므로 원래 기획된 것이 아니라면 겉으로 드러내어서는 안되지만 항상 대안이 있기 때문에 교섭의 성공률이 대폭적으로 높아진다. 어쨌든 교섭을 할 때는 항상 ①이익, ②옵션, ③BATNA의 세 가지를 의식해야 한다.

교섭에 있어서 가장 중요한 것은 이상의 세 가지이지만, 글로 쓸 때에는 또 한 가지 비결이 있다. 그것은 '개인적 생각'이다. '열정'이라고 해도 좋을 것이다.

어디까지나 업무이기 때문에 조건을 명확히 제시하는 것이 먼저다. 그렇다고는 해도 사람은 조건만으로 무엇인가를 판단하지는 않는다.

적혀 있는 조건이 언뜻 좋아 보여도 상대방의 담당자에게 열정이 없다면 좀처럼 진척이 없이 원래 예상보다 부담이 커진다는 위험성도 있기 때문이다. 업무 상대가 어떠한 사람인가, 그리고 얼마나 열심인가도 중요한 판단기준이 되는 것이다.

우선 조건을 명확히 명시하고, 일정 이상의 품질을 확보한 문장으로 구성되어 있다면 능력을 의심받을 가능성은 낮아질 것이다. 그러므로 교섭에 사용하는 문장 속에 분명하게 자신의 열의를 드러내야 한다.

그때 사전에 상대방에 대해 정확히 조사하고 그것을 제대로 반영하는 것이 핵심이다. 가령 누군가에게 원고의 집필을 의뢰하는 것이라면, 의뢰서 안에 깔끔하게 "선생님이 쓰신 ○○○○에는****라고 쓰여 있습니다만……."과 같은 표현을 사용해 보자. 그러면 그 사람은 '아, 이 사람은 내 작품을 확실히 읽고 나서 이런 제안을 하는구나.'라고 받아들인다. 상대가 이 일에 열정을 가지고 있음을 알게 되면, 안심하고 업무를 추진할 수 있다.

교섭을 통해 이러한 인간적인 신뢰를 쌓아감으로써 업무 속에서 커다란 기쁨을 맛볼 수 있다. 거기에서 개인적인 인간관계가 싹트고, 회사로서도 개인으로서도 서로 협력관계의 반석 위에 올라설 수 있는 것이다.

| 협상문서 원포인트 레슨 2 |

개행과 데이터를 중시하라

교섭을 위한 문서에는 이익, 옵션, BATNA의 세 가지를 비롯한 많은 요소를 고려해야 하므로 문서작성에 상당히 고도의 스킬이 필요하다.

조금이라도 깔끔하고 읽기 쉬운 문서를 만드는 데는 예를 들어 개행을 잘 사용하는 것도 하나의 방법이라고 할 수 있다.

이전의 비즈니스 문서는 손으로 작성하는 경우가 많았지만 지금은 컴퓨터를 이용해서 작성하는 것이 보통이다. 그렇기 때문에 개행을 하는 방법도 상당히 자유로운 발상이 가능하며, 개행을 많이 사용해도 받아들여지는 세상이 되었다.

예를 들면 한 문장마다 개행을 해서 하나하나의 문장이 완전히 독립된 이미지를 주는 그러한 글쓰기도 용서가 된다. 원래 비즈니스 문서의 경우, 무엇을 말하는지 모를 정도의 긴 문장을 가장 싫어한다. 보기 좋은 문서도 고려하여 주장이 분명히 드러나는 형태로 작성할 필요가 있다는 것이다.

또 그래프나 도표를 추가하는 것도 매우 효과적이다. 자신이 말하고자 하는 바를 미사여구로 채워 가기보다는 주장을 단적으로 표현한 뒤에 객관적인 데이터를 참고자료로 첨부하면 설득력이 올라간다. 주변정보를 아우르는 문서를 만들어야 한다는 뜻이다.

물론 그렇게 해서 문서의 전체 양이 크게 늘어난다면 오히려 역효과이지만, 예를 들어 두세 개의 데이터를 첨부한 문서는 상대방도 이미지화하기 쉬워진다. 그래프나 도표, 경우에 따라서는 아웃풋 이미지 등이 들어간 이미지가 넘치는 문서는 글자만으로 설명한 경우보다 상대방의 이해도도 높아진다. 문장만 있다면 읽는 이에 따라 해석의 여지가 생기고 오해가 발생할 가능성도 있다. 그래프나 도표를 활용함으로써 전체의 모습을 보여줄 수 있기 때문에 나중에 생길 수 있는 오해나 판단의 지체를 방지하는 효과도 있다.

비즈니스 문서를 작성할 때 예기치 않은 일이 발생하지 않도록 세심한 주의를 기울여야 한다는 것은 말할 필요도 없다. 예기치 않은 일이 생기지 않도록 다양한 경우의 수를 사전에 구체적으로 고

CHAPTER 04

려하고 작성함으로써 설득력을 확보할 수 있다.

구체적인 이미지를 떠올릴 수 있는 문서라면 사고도 깊어지고 '이럴 때는 어떻게 되지?'와 같은 상대방의 불안도 줄일 수 있다.

불안을 확실히 제거해가면 나중에 "그런 말은 들은 바 없다."라는 식의 사태도 최소한으로 막을 수가 있을 것이다. 또 데이터가 들어감으로써 상대가 이야기를 받아들이기 쉽도록 하는 효과도 기대할 수 있다.

결국 객관적인 데이터가 없는 경우, 상대는 이 문서로만 그 제안 내용을 판단해야 하므로 판단을 유보할 가능성이 커지는 것이다. 그러나 객관적인 데이터가 시각적으로 제시되면 어디까지나 제3자가 그 제안 내용을 객관적으로 판단하고 있는 듯한 생각을 하게 된다. 그러므로 상대방으로 하여금 이미지를 떠올리기 쉬운 문서를 만드는 것은 대단히 중요하다.

| 문체확립 원포인트 레슨 1 |

왜 문체가 중요한가

다른 사람이 내 문서를 읽었을 때 흥미를 느끼게 할 수 있는가, 없는가. 이것을 결정짓는 것은 물론 문서의 내용이지만, 사실은 '문체'도 크게 영향을 미친다.

최근 책을 읽는 것은 그다지 좋아하지 않지만, 쓰는 것은 좋아한다는 사람들이 늘어나고 있다. SNS 등 느낀 대로 쓸 수 있는 기회가 늘어났기 때문인지도 모르겠다.

또 문예지의 문학상에는 많은 응모작이 밀려 들어온다. 개중에는 자신이 특별한 체험을 했기 때문에 소설도 쓸 수 있다고 생각하는 이들도 많은 것 같다. 그러나 그들 모두가 읽을 만한 소설을 쓸 수 있는 것은 아니다. 자신에게는 의미 있는 체험일지 모르겠지만 그것

CHAPTER 04

이 다른 이에게도 똑같이 가치가 있는 것은 아니기 때문이다. 연애 경험의 경우, 당사자에게 있어서는 드라마틱할지 모르지만 다른 사람들이 읽었을 때는 식상하게 느껴질지도 모른다.

반면 누구에게나 있을 법한 일상의 이야기 속에서 빛나는 순간을 포착하여 글로 옮길 수 있는 사람이 있다. 또 매일의 일상을 일상적이지 않은 관점에서 글을 쓰는 사람도 있다.

그 차이를 가르는 것은 무엇일까.

두 가지가 있다. 하나는 타인들은 발견할 수 없는 무엇인가를 발견해내는 '새로운 발견을 하는 능력'인데, 이에 관해서는 제2장에서 상세히 설명한 바 있다. 그리고 또 하나는 '문체'다.

확실히 최근 소설이나 에세이는 우리가 일상적으로 사용하는 평이한 언어로 써진 것이 많다. 또 개인적인 체험을 그대로 주관적으로 쓴 것처럼 보이는 작품들도 많다. 그러나 그 가운데 좋은 평판을 얻는 작품은 사실 구성, 문장표현에 대한 연구가 뛰어날뿐 아니라 많은 사람들이 공감할 수 있는 보편성을 갖추고 있다.

문예지에 게재되어 있는 소설이나 에세이를 읽고 '이 정도라면 나도 쓸 수 있겠다.'라고 생각하는 사람은 단지 내용만을 보고 그렇게 판단하는 경우가 많다. 그러나 실제로 내용이 좀 떨어져 보이는 작품도 '새로운 발견을 하는 힘'이나 '문체'에 상당히 높은 기술을 구사하고 있다.

우리는 지금까지 제대로 구성된 문서를 작성하는 방법에 대해 검토해 보았다. 이는 비교적 쉽게 몸에 익힐 수 있는 기술이다. 구성을 만드는 것에 익숙해지면 드디어 문장에 생명력을 불어넣기 위한 '문체'를 공부해야 할 것이다.

| 문체확립 원포인트 레슨 2 |

문체로 존재감을 드러내라

　연기력이 그다지 좋지 않은 배우가 압도적인 존재감으로 보는 사람들을 즐겁게 만드는 경우가 있다. 어떤 역할을 연기하든 그 사람만이 가진 무엇인가가 통용되는 것이다.
　한편 연기력이 발군임에도 불구하고 존재감이 희박해서 대성하지 못하고 어느샌가 무대에서 사라지는 사람도 있다.
　그 차이는 어디에 있는 것일까?
　후자의 경우는 대개 자신이 서 있을 이미지를 제대로 구축하지 못한 경우가 많다. 그 때문에 존재감이 흐려지고 연기력이 있어도 자신만의 스타일을 구사하지 못하는 것이다.
　원래 존재감이란 그 사람이 그 사람대로의 스타일을 획득하고 있는가에 달려 있지만, 그것이 있는가 없는가가 문장에 생명력을 느끼게 할 수 있는가 없는가의 차이로 드러난다. 따라서 자신의 설 자리를 확보하지 못한 후자는 아무리 시간이 흘러도 빛을 보기가 어렵다.

후자의 연기력은 글쓰기에 비유하자면 '구성력'에 필적한다. 이것은 기초적인 능력이며 연기자(저자)에게 최소한도의 능력으로서 필요하다. 그것은 어느 정도는 훈련을 통해 익힐 수 있는 능력이기도 하다.

그러나 빛을 발하기 위해서는 그것만으로는 충분하지 않다. 연기자라면 자신의 영역을 확립하고 스타일(존재감)을 드러내지 않으면 안 되는데, 이 스타일은 글쓰기에서는 '문체'라고 할 수 있다.

얼마나 매력적인 문체를 가지고 있는가가 당신의 문서가 빛을 발하게 할 것인지 아닌지를 결정한다. 문제는 이 문체라는 것이 그 사람의 개성에 의해 크게 좌우된다는 점이다.

구성력은 전술한 바와 같이 어느 정도 훈련을 통해 몸에 익힐 수가 있다. 그러나 문체는 그리 간단한 것이 아니다. 오랜 시간을 들여도 아마 생각한 만큼 육성하기가 어려울 것이다.

| 문체확립 원포인트 레슨 3 |

존재감을 드러내는 신체성

제3장에서 '신체성'의 중요성에 대해 설명했다. 여기에서는 문체에 신체성이 크게 영향을 준다는 사실을 지적해 두고자 한다.

그 사람의 목소리를 듣기만 해도 그 사람의 신체성을 알 수 있다. 문장 속의 문체도 그것과 매우 유사하다.

'이 사람의 문체와 저 사람의 문체는 다르다.'는 것은 문장의 달인이 아니라도 느낄 수 있는 법이다. 저자의 인격이나 성격, 분위기가 흘러들어가 있는 듯 완전히 다른 색의 배합이 느껴지기 때문이다.

다자이 오사무太宰治의《달려라 메로스》는 문장 하나하나가 매우 짧고 읽는 맛이 있는 문체이다. 읽고 있노라면 그것을 쓰고 있는 다자이 오사무의 리드미컬한 신체성이 독자의 몸속까지 흘러드는 듯한 느낌이 온다.

> 물을 양손으로 떠서 한 모금 마셨다. 후유, 긴 한숨이 나오고 꿈에서 깨어난 듯하다. 걸을 수 있다. 가자. 육체의 피로회복과 더불어 조금이지만 희망이 생겼다. 의무 수행의 희망이다. 내 몸을 죽여서 명예를 지키자는 희망이다. 지는 해는 붉은 빛을 나뭇잎들에 뿌리고, 이파리도 가지도 타오를 듯이 빛나고 있다. 일몰까지는 아직 시간이 있다. 나를, 기다리고 있는 사람이 있다. 조금의 의심도 없이 내게 기대를 보여 주는 이가 있다. 나는, 믿어주는 사람이 있다. 내 목숨 따위 중요하지 않다. 죽음으로 사죄할 수 있다는 식의 말도 할 수 없을 지경이다. 나는, 그 믿음에 보답하지 않으면 안 된다. 지금은 그것 하나다. 달려라, 메로스.

어떤가? 배어드는 듯한 문체가 긴박감을 느끼게 한다는 사실을 알 수 있을 것이다. 그래서 독자는 '작가가 말하고 싶은 가장 중요한 것을 알았다.'고 느끼는 것이다. 그것은 '반말조'라든가 '존댓말조'를 넘어서는 문장 전체를 울리는 감성의 문제이다.

문체를 확립하는 것은 쉬운 일이 아니다. 그러나 뛰어난 문장을

CHAPTER 04

두루, 깊게 읽어서 문체를 깊이 느끼는 감성을 키움으로써 독서력이 높아지는 동시에 쓰는 능력도 비약적으로 향상된다. 그렇게 조금씩 조금씩 문체가 단련되어 가는 것이다.

그것은 같은 곡이라도 연주자에 따라 완전히 다른 느낌을 주는 것과도 같다. 독자의 능력이 깊으면 깊을수록 문장에서 읽어낼 수 있는 정보도 깊이가 늘어나며, 작가의 능력이 높으면 높을수록 보다 많은 이들에게 커다란 감동을 줄 수 있게 되는 것이다.

여기까지 문체의 예로 소설을 들어 이야기했지만 문체는 에세이나 자서전, 작품 등에서도 아주 중요하다.

자서전 중에서는 《자주색 이력서》(미와 아키히로 美輪明宏 저, 수서방)를 추천할 만하다. 꼭 한번 읽어보기를 바란다. 앞부분만을 읽어보아도 그 차이를 알 수 있다. 자신이 태어난 환경이 어떠했는가, 당시 나가사키의 모습을 묘사하면서 자신의 존재를 여실히 드러내는 생명력이 넘치는 문장을 맛볼 수 있다.

또 작문에서의 문체는 《신편 글짓기 교실》(도요타 마사코 豊田正子 저, 야마즈미 마사미 山住正己 편, 이와나미 문고)을 꼭 읽어 보길 바란다.

글쓰기 능력을 키우기 위해서는 무엇보다 읽기가 중요하다. 문장력을 키우고 싶다면 가능한 한 많은 글을 접해 보는 것이 좋다. 나아가 마음에 드는 책은 소리 내어 읽기를 권한다. 문장의 좋고 나쁨은 소리를 내어 읽어 보면 쉽게 알 수 있다. 문장이 부드럽게 잘 흘러가고 있는가 아닌가를 바로 알 수 있기 때문이다.

문장에 저자의 신체성이 들어 있는가 아닌가도 음독해 보면 확실히 드러난다. 읽다 보면 내용이 진부하고 부끄러울 정도의 소설도 적지 않게 존재한다. 그것은 문체가 정돈되어 있지 않아서 생명력이 없기 때문이다.

본디 글을 쓴다는 것은 저자의 감각을 문장으로 응고시키는 것이라고 할 수 있다. 결국 생명력을 한 글자, 한 글자에 부여하는 작업이기도 한데 그러한 감각은 단순히 글을 써 본다는 것만으로는 익힐 수 없다. 단순히 쓰는 것이 아니라 동시에 많은, 좋은 문장을 읽는 것을 병행하지 않으면 안 된다.

그때 소리를 내서 읽음으로써 쓰여 있는 문장의 생명력을 좀 더 단단히 흡수하여 자신의 것으로 만들 수 있다.

| 시간관리 원포인트 레슨 1 |

시간사용법을 익혀라

　글쓰기 능력을 키우기 위해 많은 사람들과 만나거나, 다양한 체험을 하거나, 보다 많은 작품들과 만나는 것이 중요하다는 사실은 이미 몇 번이나 강조한 바 있다.
　그러나 문제는 우리가 그렇게 하기 위해 사용할 수 있는 시간이 대단히 제한되어 있다는 사실이다.
　과거에는 근무시간을 당연히 9시부터 5시까지라고 여겼다. 그러나 지금은 전 세계가 인터넷으로 연결되어 24시간 임전태세로 일하는 것이 당연시되고 있다. 그러다 보니 얼마나 효율적으로 자신을 갈고 닦을 시간을 확보할 것인가가 중요한 시대가 되었다. 이에 필요한 것은 각 업무를 추진함에 있어 좀 더 효율적인 감각을 몸에 익히는 것이다.

  오늘 하루에 이것과 이것을 하자, 오전에는 이것을, 오후에는 이것을, 이라는 식의 업무방식은 아직 갈 길이 멀다고 할 수 있다. 몇 시부터 몇 시까지 이 일을 마치고, 몇 시부터 몇 시까지는 이것을 한다……. 그런 식으로 구체적으로 시간과 업무를 묶어 내야한다. 그때 운영의 기준시간은 90분(1시간 30분)으로 한다. '보통 반나절 정도 걸리는 일'이라고 생각해서 늘어지게 일을 하느니, 90분을 기본 단위로 그 시간 내에 마치겠다고 생각하는 편이 효율적이다.

  시간을 많이 들인다고 해서 무조건 좋은 결과가 나오는 것은 아니다. 언제까지 무엇을 하지 않으면 안 된다는 시간제한이 있는 편이 확실한 문제의식을 가지고 시간도 효율적으로 사용할 수 있게 한다.

  지금은 시간관리도 문장력 향상에 없어서는 안 될 요소인 것이다.

| 시간관리 원포인트 레슨 2 |

수첩을 최대한 활용하라

　90분을 기준으로 업무계획을 짤 때 그 내용을 잘 메모해서 확인하는 것이 중요한데, 메모를 하기에는 30분 단위로 짜인 수첩을 추천한다.

　업무 추진방식을 결정할 때 모든 것을 자신의 상황에 맞추어 짤 수 있는 것은 아니다. 손님이 오거나 급한 회의가 생기거나 갑자기 약속시간이 변경되는 경우도 있다. 그래서 30분 정도의 세세한 시간관리가 필요하다.

　그 시간을 얼마나 효율적으로 사용할 것인가가 중요한데, 예를 들어 영업을 위해 외출을 하는데 시간이 30분 남는다고 하자. 그런데 단순히 그 시간을 찻집에서 차를 마시면서 보낸다면 아쉬움이 남는다. 그 30분이라는 시간을 기획서를 만들기 위한 정보수집의 시간으로 활용하거나 그날 명함을 받은 상대방에 대한 인사문안을 생각하는 등으로 유효하게 활용해야 할 것이다.

30분의 자투리 시간이라도 두 번이면 한 시간, 세 번이면 한 시간 반이므로 어느 정도 활용할 수 있는 시간을 모을 수 있다. 그러기 위해서라도 30분 단위로 작성된 수첩을 사용하는 것이 좋다고 생각한다.

나아가 수첩에 스케줄을 적을 때 나는 보통 적·청·록의 삼색으로 나누어 작성한다. 정보를 세 가지 색으로 나누어 적음으로써 자신의 업무품질을 효율적으로 관리할 수 있게 되고 결과적으로 업무의 질과 양이 향상된다.

나도 이미 30년 넘게 수첩을 사용하고 있지만, 삼색으로 나누어 적으면서 그 활용도가 극적으로 바뀌었다는 것을 스스로 실감하고 있다. 대량의 업무를 추진하는 경우에도 머릿속이 혼란스러울 일이 없다. 매일 상낭히 빡빡한 일정을 보내고 있지만 그것이 크게 무리가 없는 것은 30분 단위의 수첩에 삼색 볼펜으로 메모를 하기 때문이다.

삼색필기의 장점은 색에 따라 용건의 등급을 한눈에 알 수 있고, 우선순위를 바로 결정할 수 있다는 점이다.

예를 들어 가장 중요한 용건은 적색으로 기입한다. 그것을 잊어버리면 타인에게 폐를 끼칠 수 있는 용건이다. 그러한 중요 안건은 눈에 잘 띄는 적색으로 적는다.

청색으로 적는 것은, 잊어버려서는 안 되는 용건이다. 그리고 적색이든 청색이든 시간대가 정해져 있는 것은 몇 시부터 몇 시까지라고 적고 그 부분을 사각으로 표시한다.

녹색은 취미사항이나 그 연장선상의 용건을 기입한다. 이렇게 해두면 자신의 일정을 입체적으로 인식할 수 있어서 확실한 일정관리를 할 수 있게 된다.

또 이렇게 수첩을 색깔별로 나누어 기입함으로써 추가적인 효과도 얻을 수 있다. 그것은 자신의 시간을 이미지화하여 선명한 기억으로 남길 수 있다는 점이다. 무슨 용건이었는가를 떠올리지 않더라도 내일 일정에 적색으로 기입했다는 사실은 머리에 남아 있기 때문에 잊어버리는 실수를 최소한으로 줄일 수 있다.

또 나는 적색과 청색으로 채워져 있지 않은 부분을 녹색으로 표시해 두곤 한다. 그러면 내가 자유롭게 쓸 수 있는 시간이 어느정도 있는지도 한눈에 알 수 있다. 그 시간을 어떻게 쓸 것인가를 생각함으로써 작은 시간도 유용하게 바뀔 수 있는 것이다.

| 시간관리 원포인트 레슨 3 |

시간사용에 절박감을 가져라

  나는 이처럼 삼색볼펜으로 수첩에 기입하는 행위 자체도 이미 업무의 하나라고 생각하고 있다. 그러므로 용건만이 아니라 실제로 하는 작업의 요점도 청색이나 녹색으로 기입해 둔다.

  그리고 회의를 기다리는 시간이나 전철, 택시로의 이동 시간에 이런저런 준비를 하곤 한다. 이러한 준비작업은 어떤 의미에서는 자신의 시간을 확실하게 관리하는 작업이라고 할 수 있을 것이다.

  이처럼 자신의 시간을 관리하는 습관을 몸에 익히기 위해, 원고를 쓸 때에 '몇 시까지 완료한다.'고 결정하고 스톱워치를 사용하여 글을 쓰기 시작하는 것도 좋은 트레이닝이 된다. 스톱워치는 직장인에게 필수적인 도구라고 생각한다. 여러분도 꼭 활용해 보기를 바란다.

CHAPTER 04

또 문서를 작성할 때에도 제출일까지 시간이 있다고 생각하는 것이 아니라 그 2일 전을 자신의 마감일로 정하고, 그에 맞추어 일정을 세우는 것도 효과적이다. 그렇게 하면 시간활용에 절박감이 생기고 '좋다, 이것은 끝냈고, 다음은 이것이다.'라는 식의 관리가 가능해진다. 그리고 무엇이든지 예정일보다 앞서 마무리하려는 의식이 확실히 생긴다. 결국 시간에 휘둘리는 것이 아니라 자신의 시간을 확실하게 관리할 수 있도록 스스로를 단련해 가는 것이 중요하다는 뜻이다.

예정일을 계속해서 뒤로 미루는 사람과 일을 하고 싶은 사람은 아무도 없을 것이다. 그런 사람과 묶인다면 어떻게든 발을 빼고 싶어질 것이다. 그런 사람보다는 예정일에 맞춰 업무를 마쳐주는 사람, 혹은 일을 미리 당겨서 추진하는 사람과 함께 일하는 편이 훨씬 좋다는 것이 인지상정이다.

나는 일이라는 것은 자신이 불러오는 것이라고 생각한다. 찬스가 왔을 때 그것을 놓치지 않기 위해 우선은 기한을 지키는 것. 나아가 앞서서 업무를 마무리한다면 기회는 내 것이 될 것이다.

질이 좋은 일, 재미있는 발상도 중요하다. 그러나 직장인은 많은 사람들과 함께 일을 하면서 그 가운데서 신뢰를 얻는 것이 중요하다. 그러기 위해서라도 시간을 관리하는 능력은 필수요건이 된다. 그 기본이 수첩을 활용하는 능력이라고 할 수 있다.

CHAPTER 05

읽기, 쓰기, 말하기의 달인이 되라

언어를 다루는 마지막 기술

읽기, 쓰기, 말하기가
모두 중요한 이유

나는 직장인이 업무를 하는 능력을 향상시키기 위해서는 읽기, 쓰기, 말하기를 세트로 갖추는 것이 필요하다고 생각한다. 이 세 가지 능력은 연동되어 있기 때문이다. 사회생활을 하는 데에 중요한 '언어의 종합력'을 몸에 익히기 위해서는 하나도 빠져서는 안 된다.

예를 들어 비즈니스상의 문서를 주고받는 경우에 상대방이 작성한 문서를 보고 요구를 정확히 파악해서 그에 대해 적절한 회신을 줘야 한다. 그때에는 '읽기'와 '쓰기'를 연동하는 것이 좋다. 혹은 '교섭상대에게 전화로 이야기하는 것도 좋지만 문서가 기록도 확실히 남고 정확하게 전달할 수 있기 때문에 우선은 문장으로 용건을 전하고 그 다음에 전화를 해 보자.'는 형태로 일을 하는 경우도 많을

CHAPTER 05

것이다. 그 경우는 '쓰기'와 '말하기'를 연동하게 된다. 결국 우리는 매일매일의 업무 속에서 '읽기', '쓰기', '말하기'를 항상 연동하고 있는 것이다.

그렇다고는 해도 우리가 항상 '쓰기'를 선택하는 것은 아니다. 개중에는 전화로 이야기하는 것이 감성도 전달하기 쉽다는 이유로 가능한 한 전화로 일을 하려는 사람도 있을 것이다. 이때 메리트는 알게 모르게 상대방의 감정을 파악하면서 결정을 할 수 있다는 점이다. 음성이라든가 화법에는 상대방의 성장배경이나 지금까지의 교양, 경험이 모두 녹아 있으므로 어느 정도 인물을 파악하는 데 이력이 난 사람에게는 상당한 정보량을 제공할 수 있기 때문이다.

예를 들어 '찬성인지 반대인지', '수용인지 거부인지' 상대방의 속내를 좀처럼 알 수 없는 경우에는 전화를 하거나 상대방과 직접 만나서 이야기하는 것이 좋다. 목소리를 내는 방법이나 습관 등의 신체 정보나 표정 정보로부터 얻을 수 있는 것도 많다. 너무나 미정인 부분이 많거나 상대방의 의향을 전혀 알 수 없는 경우에는 대화를 하면서 이야기를 진전시켜 가는 편이 훨씬 좋을 것이다. 우리는 무의식적으로 상황에 맞추어 이 세 가지 능력을 나누어 쓰고 때로는 연동하고 있는데, 이 연동을 의식적으로 몸에 익혀 둘 필요가 있다.

'읽기', '쓰기', '말하기' 능력은 어느 것이나 다 중요하고 그 능력 향상을 위해 끊임없이 노력해야 한다는 점을 명심해야 한다.

말하기만큼
중요한 듣기

 말하기의 중요성은 앞에서도 이야기한 바 있지만 사실 그와 더불어 잊어서는 안 되는 것이 '듣기'이다. 원래 '대화력'은 '말하기'만이 아니라 '듣기'도 포함한 종합력이기 때문이다.
 일방적으로 이야기를 계속하면 대화는 성립되지 않는다. 확실히 상대방이 말하는 것을 잘 듣는 힘이 필요하다는 사실은 말할 필요도 없다.
 듣는 능력을 향상시키는 좋은 방법이 있다. 메일을 쓸 때 전화로 이야기한 내용을 문장화하여 상대방에게 보내는 방법이다. 상대가 말한 것을 정확하게 듣고 그것을 분명하게 문장으로 옮기는 작업은 당신의 듣기 능력을 크게 향상시킬 것이다.

나는 학교에서 수업을 할 때 '듣기'와 '쓰기'를 연동시키는 것이 대단히 중요하다고 생각한다. 그도 그럴 것이 그 두 가지를 연동시킴으로써 학습능력이 비약적으로 향상되기 때문이다. 선생님이 이야기한 내용을 듣고 그것을 자기 나름대로 자신의 언어로 정리하여 쓸 수 있다면 학습은 거의 끝난 것이나 마찬가지다.

쓴다는 것은 자신 안에 있는 것을 꺼내는 작업이다. 한편 학문을 한다는 것은 자신이 알지 못하는 내용을 배운다는 의미이다. 이것은 듣는 것 혹은 읽는 것을 아우른다. 그리고 배워야 할 상대방의 이야기를 듣든 읽든 그것을 자신의 언어로 바꿔 소화하면서 같은 내용을 자신의 말로 표현할 수 있게 되는 것을 바로 '몸에 익혔다.'고 한다. 대개의 시험은 그러한 능력을 길렀는가를 확인하기 위해 실시된다. 결국 선생님이 이야기한 내용을 확실하게 메모하고, 요점을 빠짐없이 자신의 입으로 말할 수 있거나 혹은 적을 수 있으면 되는 것이다. 실제로 그러한 언어 능력은 사회에 나와서도 크게 활용할 수 있다. 고객과의 관계 혹은 사내 부서 간에 서로 주고받은 내용을 문서화하여 첨부해 전원에게 공유하는 사람이 있다면 그는 소중한 인재라고 할 수 있다.

내가 재직 중인 대학의 한 부서에서는 사무직 사원이 회의록을 "이렇게 정리했습니다만, 괜찮겠습니까?"라며 보내 주는데 늘 큰

CHAPTER 05

도움이 된다. 모든 회사에 그런 사원이 늘 있는 것은 아니므로 자신들이 그런 작업을 하지 않으면 안 된다. 그런 경우는 일일이 회의록이라는 거창한 작업을 할 필요도 없을 것이다. 효율성도 고려하여 어느 정도 수준으로 작성하면 좋은가를 판단하고 요점을 10분 정도 정리하면 된다고 생각한다. 그러면서 "오늘은 이런 것을 결정했습니다. 보시고 잘못된 곳이 있다면 알려 주세요."라는 식으로 공유하면 좋을 것이다. 그렇게 하면 전원이 항상 정보를 공유할 수 있는 상황이 되고, 비즈니스에서 팀워크의 기반이 조성된다.

비즈니스 팀워크에서 가장 중요한 것은 정보의 공유이다. 그러면 일이 어디까지 진행되고 있는가를 알게 되고 전체의 움직임도 알 수 있으므로 자기 스스로도 판단을 잘못하는 일 없이 일을 마칠 수 있게 된다. 원래 조직 속에서 마음대로 움직이는 사람은 정보가 공유되지 않는 경우가 많다. '공유해야만 하는' 정보는 좀 더 많은 인원과 공유하는 것이 일의 속도를 높일 수 있다. 그것을 적은 노력으로 되도록 간단하게 정리하는 힘, 결국 '말하기', '듣기'를 기반으로 한 '쓰기' 능력은 대단히 중요하다.

쓰기의 원천은
읽기

'쓰기'의 기본은 '읽기'에 있다. 나는 책을 100권 읽었다고 하더라도 바로 책을 쓸 수 있는 것은 아니라고 생각한다.

감각적으로 나는 1,000권을 읽고서야 비로소 한 권의 책을 낼 수 있다고 느낀다. 결국 그 비율은 1,000대 1이다. 일단 책 1,000권을 읽으면 그 이후에는 점점 책을 쓰기가 쉬워진다. 그렇다고해도 읽는 양과 쓰는 양을 비교할 때 읽은 문자의 수가 쓰는 문자의 1,000배는 필요하다.

그러므로 나는 쓰기 능력을 빠르고 확실하게 향상시키기 위해서는 신문을 매일 읽을 것을 권하고 있다. 신문의 문장량은 결코 적지 않기 때문에 그것이 자신의 안으로 들어와 자연스럽게 어휘가 늘어

CHAPTER 05

나게 된다. 그 결과 글을 쓸 때 스스로 자신이 쓰고 있는 문장의 수준을 알게 된다.

다만 읽었다고는 해도 그것이 바로 쓰기와 직결되는 것은 아니다. 읽은 것을 바로 제대로 된 문장으로 쓸 수 있게 된다면 그보다 좋은 것은 없겠지만 유감스럽게도 신문을 읽었기 때문에 글을 쓸 수 있다는 것은 아니다.

원래 쓰는 작업은 피곤한 일이고 써 보면 의외로 어렵다는 것을 알 수 있다.

글쓰기를 자신의 능력으로 만들기 위해서는 그 나름의 노력이 필요하다는 사실을 각오해야 한다.

쓰기 전의 말하기는
쓰기를 즐겁게 만든다

글쓰기는 분명 어려운 행위이다. 그러나 그 벽을 넘어서는 방법은 있다. 거기에 '말하기'라는 단계를 추가하는 것만으로도 상당히 쉽게 쓸 수 있게 된다. 쓰는 작업을 하기 전에 이야기하는 작업을 넣어서 일단 정리를 해본 다음 쓰도록 한다. 결국 이야기한 것을 바탕으로 써 보는 방법이다.

책을 읽으면 그 내용을 가족이나 지인에게 이야기해 보자. 혹은 SNS에 "이런 책을 읽어 보았는데 이런 내용이더군요."라는 식으로 이야기하듯이 써 보자.

원래 SNS는 '쓰기'보다는 오히려 '말하기'에 가까운 행위이다. 그러므로 거기에 이야기하는 느낌으로 내용을 적어보고 자기 나름

CHAPTER 05

대로 정리한 다음 코멘트를 가미해가는 것이다. 그렇게 하면 쓰기 전 단계의 준비가 끝난 것과 같은 느낌이 든다. 막상 글쓰기를 할 때 아무런 준비도 없이 쓰는 것은 대단히 피곤한 일이다. 그러나 우선 2~3회 정도 이야기한 적이 있는 내용은 상당히 쉽게 빨리 쓸 수 있다.

소설가 중에는 쓸 내용을 누구에게도 이야기하지 않고 비밀로 해 둔 채 에너지를 높인 뒤에 한 번에 써 내려가는 사람도 있다. 하지만 그것은 소설가의 경우이고, 일반적인 사람이 글을 쓸 때와는 조금 사정이 다르다. 원래 일반인에게는 글을 쓴다는 행위 자체가 스트레스가 되기 쉽기 때문에 우선은 그 스트레스를 줄일 필요가 있다. 그러기 위해 우선 스트레스를 적게 받는 '말하기'라는 행위를 통해 대강의 감을 잡고 나서 글쓰기 작업에 들어가는 것이 좋다. 물론 쓰기 시작하면 '아, 말하기와 쓰기는 이렇게도 다른 것이구나.'라고 느낄 것이다. 그러나 일단 이야기를 해 보면 그 스트레스가 상당히 줄어드는 것을 실감할 수 있게 된다.

나도 무엇인가를 쓰려고 할 때 주변 사람들에게 "이건 어때?" 하는 식으로 마치 상담을 하듯이 이야기를 나누는 동안 생각이 정리되는 경우가 많다. 만약 상대방이 내가 쓰려고 하는 주제에 대해 그다지 잘 알지 못하는 사람이라 해도 이야기를 들어 주는 것만으로 내 자신이 무엇인가를 깨닫게 되기도 한다. 그런 다음 '자, 이제 좀 써 볼까' 하는 단계로 나아갈 수 있는 것이다.

이야기하면서 생각을 정리하는 일은 대단히 합리적이고 피로가 적은 작업이다. 상대와 이야기하면서 떠오른 생각이나 아이디어를 수첩이나 스마트폰에 저장하는 것도 좋은데, 그러한 아이디어는 말하거나 듣고 있는 동안에 더욱 번뜩이는 법이기 때문이다.

공기를 들이마시듯이
책을 읽어라

책을 읽을 때는 마치 공기를 들이마시듯이 읽는 것이 좋다. 그다지 책을 읽지 않는 사람이라도 자신의 모국어로 글을 쓰는 것은 가능하다. 그래도 어느 정도의 독서량은 바탕이 되어야 어휘가 풍부해지고 이야기하거나 쓰는 내용도 틀이 잡히게 된다.

일상생활에서 쓰는 어휘는 대단히 적기 때문에 500에서 1,000개 단어만 알면 대개의 의사를 전달할 수 있다. 그에 비해 글에서 사용되는 어휘는 훨씬 많고, 말하기와 듣기에서는 등장하지 않는 어휘나 문어체도 적지 않다. 사전을 펼쳐 두 페이지만 살펴보더라도 평상시에는 사용하지 않는 단어가 쭉 늘어서 있다. 그러한 어휘를 구사한다면 밀도 높은 글을 쓸 수 있게 된다. 그렇게 하기 위해서도 읽는 양을 늘려서 글을 쓸 때 사용하는 어휘에 익숙해져야만 한다. 그러므로 문장력을 늘리기 위해서는 우선 습관적으로 읽는 작업을 마치 공기를 들이마시듯이 계속하는 것이 중요하다.

한 달에 한 권도 책을 읽지 않는 사람이 고등학생 가운데 절반 이상이라는 조사 결과를 보면 이런 현상은 대단히 큰 문제이다. 독서 대신 아이들이 무엇을 하는지 살펴보면 대개는 SNS를 하고 있는 것 같다. 그럴 시간이 있다면 책을 읽지 못할 이유가 없지만, 인터넷상에서 이야기하는 것이 더 즐겁기 때문일 것이다. 그러나 그래서는 자신을 높여 갈 수가 없다.

원래 책을 읽는다는 행위는 저자와 자신 사이에 수직적인 관계를 구축하는 것이기도 하다. 책을 쓴 사람은 무엇인가에 관해서 독자보다 지식이 많거나 경험이 있는 사람이 대부분이다. 일정 이상의 수준에 도달한 사람이 많다는 뜻이다. 결국 책을 읽는다는 행위는 자신보다 지식 수준이 높은 사람으로부터 가르침을 받는 것이나 마찬가지다. 책을 읽음으로써 친구들 사이의 대화에서는 결코 얻을 수 없는 수직적인 배움을 받을 수 있다. 그것이 바로 읽는다는 행위인 것이다.

그런데 이 읽기라는 행위가 없어지면 지금 수준으로도 충분하다고 착각하게 되고 스스로 성장하려는 마음이 사라지게 된다. 테니스

CHAPTER 05

연습을 예로 들면 실력이 낮은 사람들끼리 매주마다 경기를 하는 것과 마찬가지이다. 그래서는 아무리 시간이 흘러도 테니스 실력이 나아지지 않는다. 그보다는 프로선수와 경기하는 편이 실력 향상에 도움이 되지 않겠는가.

나도 프로 테니스 선수인 후쿠이福井 씨와 연습경기를 한 적이 있다. 상대가 발군의 실력이므로 그 리듬에 맞추는 동안 나도 성장하는 것을 실감했고 실제로 한동안은 동호인 사이에서 무적의 실력을 보이기도 했었다(하지만 시간이 지나면서 다시 원래 상태로 돌아왔다. 역시 꾸준히 하는 것이 중요하다).

독서도 그와 마찬가지로 상대방의 사고나 경험이 옮겨 오는 행위라고 생각한다. 괴테의 책을 읽으면 괴테의 현명함이 내게로 옮겨지고, 니체의 책을 읽으면 니체의 날카로움이 내게 옮겨온다. 그리고 소세키漱石를 읽으면 그 생각의 깊이와 감성의 풍부함이 옮겨 온다……. 그런 식으로 저자의 생각이나 심리가 옮겨오는 것이다.

이처럼 읽는다는 행위는 선인의 마음 속에 있는 생각이나 심리를 나의 몸으로 옮겨오는 행위이며 위대한 타자他者를 자신의 내면에 살게 하는 것이다. 그것은 대단히 강력한 동지를 얻는 것과 같다. 그렇게 동지를 얻은 상태에서 글쓰기를 하는 것이 중요하고, 그렇게 하기 위해서는 운동과 마찬가지로 끊임없이 훈련해야만 한다. 축구든 농구든 평소에 달리기를 충실히 해서 기초 체력을 다져 놓지 않으면 플레이의 질도 좋을 수가 없다.

　글쓰기도 마찬가지이다. 그러므로 운동선수라면 우선 달리기를 하듯이 글쓰기에도 우선은 '읽기'가 중요하다.

성과로 이어지는
독서법

　신문을 보든 책을 읽든, 활자를 읽는 것은 글쓰기에 있어 '체력 만들기'에 해당한다. 다만 단순히 읽는 것만으로 자기만족을 해 버리면 아웃풋을 낼 수 없게 되므로 어디까지나 아웃풋을 설정하고 읽는 것이 중요하다.
　나는 학생들에게 책에 관한 에세이를 매주 제출하도록 과제를 주고 있다. 그렇게 하면 쓰기 위해서 읽는 셈이 되므로 읽기의 질이 높아진다. 물론 목적이 없는 독서도 좋지만 읽은 내용을 단문으로라도 정리하겠다고 의식하는 것만으로도 읽기의 질이 높아진다. 또 읽는 가운데 습득한 내용을 시의적절하게 인용함으로써 문장에 힘이 생기면서 레벨이 올라간다.

그러므로 읽을 때에 '아, 이 표현은 매우 좋다.'고 생각된다면 반드시 거기에 표시를 해두거나 페이지를 접어두도록 하자. 글을 쓸 때 이렇게 읽은 책이나 신문을 활용할 수 있게 되면 이번에는 읽는 행위가 더욱 역동적이고 즐거워진다. 그리고 또 '이것을 써 볼까, 이것을 써 보자, 이것도 써 보자.'는 식으로 생각하는 가운데 글쓰기도 향상되는 것이다.

최근에는 인터넷에 올려야겠다고 생각해서 자신이 맛있다고 생각한 음식사진을 찍는 사람이 매우 많다. 좋은 글을 인용하는 것도 그 감각에 가까운 데가 있다고 생각한다. '아, 이 좋은 글을 모두와 나누고 싶다.'는 식으로 인용해서 자기 나름의 코멘트를 달아 블로그에 올린다. 그러면 읽은 사람도 '오, 좋은데.'라고 감동한다. 사실 음식사진을 보여 준다 해서 그것을 먹을 수 있거나 냄새를 맡을 수 있는 건 아니다. 따라서 인터넷에 올려진 음식사진은 실제로 먹으러 가기 전에는 아무런 도움이 되지 않는다.

하지만 글의 경우는 다르다. 그대로 읽는 사람에게 전달된다. 읽을 때의 감동이 줄어드는 법도 없다. 그것이 글의 좋은 점이다. 글 가운데 이전에 읽어서 마음에 드는 뛰어난 글을 인용문으로 삽입하는 것은 자신의 글을 좀 더 낫게 만들 뿐만 아니라 다른 사람이 유효하게 활용할 수 있는 재료를 제공하기도 한다.

CHAPTER 05

다만 인용할 때에는 꼭 따옴표라도 사용해서 인용이라는 것을 알 수 있도록 해야 한다. 출전도 명기하는 편이 좋다. 오리지널에 대한 경의를 표하지 않으면 저작권의 문제가 발생할 수도 있다. 이러한 룰을 명확히 지키면서 인용하면 쓰는 사람이나 읽는 사람 사이에 선인들의 멋진 식견에 관한 정보를 점점 늘려 갈 수 있다.

그러한 의미에서 인터넷 시대는 인류에게 커다란 기회를 열어주었는지도 모르겠다. 인터넷이 보급된 환경 하에서 방대한 양을 읽은 사람이 각각 막대한 양의 글을 쓸 수 있게 되었기 때문이다. 또한 인터넷 덕분에 많은 이들에게 손쉽게 글을 발신할 수 있다.

나는 1960년생이라서 인터넷은 물론 워드프로세서도 없는 시대에서도 살았는데, 워드프로세서 이전의 시대에는 보통사람이 대량의 글을 지금처럼 쓸 수는 없었다. 21세기에 들어선 지도 상당한 시간이 흘렀지만 20세기에 쓴 글의 전체 양보다도 21세기에 쓴 전체 글의 양이 몇 배는 많을 것이라고 생각한다. 그런 정보화 시대에 적응하기 위해서라도 읽기와 쓰기를 연동하여 자신의 글에 대한 퀄리티를 확보할 필요가 있다. 말하기, 듣기라는 행위를 함으로써 글쓰기에 대한 공포를 줄이고 읽기를 통해 문장의 질을 높이는 작업…… 그 작업들을 연동해 가면 글쓰기라는 대단히 에너지가 필요한 행위도 비교적 가성비 좋게 잘 쓸 수 있게 된다.

글쓰기를 위한 독서법은 어떻게 체득하는가

　보다 멋진 문장을 쓸 수 있는 능력을 높이기 위해서는 글쓰기를 전제로 한 독서를 할 필요가 있다.
　기본적으로 독서라는 행위는 정보를 얻기 위한 인풋작업이다. 그러나 단순히 지식을 얻기 위해서만이 아니라 언젠가는 아웃풋한다는 것을 의식해야 한다.
　물론 10대의 경우라면 자신의 흥미에 맞추어 다독하는 것도 의미가 있다. 손에 잡히는 대로 책을 읽음으로써 확실하게 지식의 양을 늘리고 기초적인 사고력을 키울 수 있다. 그러나 직장인이 되면 독서를 할 수 있는 시간에도 제약이 있고, 그런 식의 독서는 비효율적이기도 하다. 그렇기 때문에 글쓰기를 전제로 한 독서가 필요한 것

CHAPTER 05

이다.

 글쓰기 능력과 읽기 능력은 결합되어 있다. 책을 전혀 읽지 않는 사람이 흥미로운 글을 쓸 수 없는 것은 너무나 당연하다. 실제로 글 쓰는 능력을 가지고 있는 사람들은 하나같이 막대한 양의 책을 읽은 이들이다.

 그러나 여기서 착각해서는 안 되는 것은 많은 양의 책을 읽었다 해서 반드시 그것이 그대로 글쓰기 능력으로 이어지는 것은 아니라는 사실이다. 그저 마음 가는 대로 이런 저런 책을 마구 읽고서 어떤 주제의 글을 쓴다면 어떻게 써야 할지 막막할 것이다.

 나 자신도 취미로 읽는 책과 업무와 관련된 책을 읽을 때(쓰기를 전제로 읽는 경우)의 독서법은 완전히 다르다. '무엇을 위해 이 책을 읽고 있는가?'를 항상 의식하는 것은 매우 중요하다. 그리고 나는 업무를 전제로 한 독서를 할 때는 항상 삼색볼펜을 사용한다. 나중에 인용할 만한 인상적인 문장에는 적색, 그 다음으로 중요하다고 생각되는 곳은 청색, 개인적으로 재미있다고 느끼는 부분이나 의미가 있다고 느낀 부분에는 녹색으로 줄을 그으면서 읽는다. 그리고 그 페이지들에 메모지를 붙이거나 페이지를 접어 두어 나중에 찾기 쉽게 해 둔다. 그리고 어느 페이지와 뒤의 다른 페이지의 내용이 서로 이어진다고 생각이 될 때는 페이지 구석에 'ㅇㅇ페이지'라고 관련된 페이지를 적어 둔다. 그렇게 해 놓으면 그 책 자체가 글쓰기를 위한 하나의 재료가 된다.

종종 책을 좋아하는 이들 중에 책을 더럽히는 것이 싫다는 사람들이 있다. 그러나 구입한 책이라면 주저하지 말고 메모를 하는 것이 좋다. 책을 최대한 활용해서 자신의 능력을 키우면 되는 것이다. 나는 이 책도 그런 식으로 활용되기를 진심으로 바란다.

책을 끝까지
읽지 않아도 좋다

바로 앞 장에서 나는 아웃풋을 의식하면서 독서하는 것이 중요하다고 이야기했다.

그러나 글쓰기를 위한 독서는 우리가 취미로 책을 읽을 때의 '맛 보는 책 읽기'와는 다른 것이라고 생각해야 한다. 맛 보는 책 읽기라면 일부러 천천히 시간을 들여 읽어 나가는 것도 좋은 방법일 것이다. 그러나 무엇인가를 쓰기 위한 재료를 얻기 위한 독서를 그런 식으로 하다가는 아무리 많은 시간을 들여도 부족할 것이다. 일정한 시간 내에 책을 읽어 내는 기세가 필요하다. 따라서 글쓰기를 위한 독서는 어떤 의미에서는 '발췌독'이 필요하다.

대부분이 '책은 끝까지 읽어야 한다.'고 배웠을 것이다. 그러나 나는 그렇게 생각하지 않는다. 정말 재미가 있다면 누가 뭐라고 하지 않아도 페이지를 넘겨 가며 끝까지 읽기 마련이다. 그러나 나는 읽어 보고 재미가 없다면 그 책은 그대로 던져 두어도 상관없다고 생각한다. 어쩌면 책을 반드시 끝까지 읽어야 한다는 생각 때문에 독서가 싫어지는 것일 수도 있다. 그보다는 재미 없는 책은 그대로 방치해 두고 다시 새로운 책을 읽기 시작하는 편이 훨씬 낫다.

그리고 글을 쓰기 위한 소재를 찾기 위한 독서라면 쓰고자 하는 내용과 관련된 부분만을 읽는 발췌독을 하더라도 상관없다고 생각한다.

극단적으로 말하자면 '필요한 부분만을 읽는다.', '재미있다고 느끼는 부분만을 읽는다.', '자신의 안테나에 걸리지 않는 것은 나와 인연이 없었다고 생각한다.'는 식의 독서 스타일이 필요하다.

제한 시간을 두는 독서법으로
효율화하라

 나아가 이러한 발췌독은 어디까지나 글쓰기를 위한 읽기이므로 제한된 시간 내에 읽는 것이 좋다. 그렇지 않으면 언제까지나 질질 늘어지면서 시간낭비를 할 가능성이 크기 때문이다.
 한 시간에 한 권의 책을 읽지 않으면 안 된다고 하자.
 그러나 자신의 평소 독서 스타일이 한 권의 책을 읽는 데 다섯 시간이 걸린다면 한 시간 동안에는 20%를 읽는 데 그칠 것이다. 집중하면 속도가 다소 빨라질 수는 있겠지만 그렇다 하더라도 전부 읽는 것은 불가능하다.
 그러면 어떻게 해야 하는가.
 포인트가 되는 부분만을 골라 그 책의 20%를 읽으면 되는 것이다. 그러기 위해서는 목차를 활용해야 한다. 목차를 보면서 자신의 관심사에 해당하는 것을 찾아 체크한 뒤 펄럭펄럭 책장을 넘기며 전체를 훑어본다. 그리고 목차에 체크를 한 부분만을 삼색볼펜으로 줄을 그으면서 집중적으로 읽는다.

그때는 이미 글쓰기를 위한 독서를 한다는 의식을 가지고 있기 때문에 상당히 효율적으로 나아갈 수 있다. 비록 80%의 내용은 읽지 못하는 셈이지만 이런 식으로 한 권의 책에서 세 군데 정도의 핵심적인 부분을 찾아낼 수 있다면 그만큼의 가치가 있는 독서라고 할 수 있다.

결국 글쓰기를 위한 독서는 읽는 속도보다는 '어디를 읽을 것인가'에 대한 선택을 하는 눈을 키우는 것이 중요하다. 경우에 따라서는 30~40페이지를 읽었음에도 참고할 만한 아무런 내용을 찾아내지 못하는 일도 생길 수 있다. 그것은 책의 선정이 잘못된 것이다. 그러므로 책의 표지나 목차를 보고 읽어야 할 책을 선택하는 능력도 중요하다.

키워드 중심으로
글쓰기를 위한 독서를 하라

글쓰기를 위한 독서를 위해서는 문제의식을 가지고 읽을 필요가 있다.

가령 어떤 주제를 놓고 글쓰기를 위한 독서를 할 때 그 무엇인가에 대해 스스로 구체적인 문제의식을 가지고 책을 읽지 않으면 안 된다. 그리고 실제로 책을 읽을 때에는 문제의식을 키워드로 전환하여 그 키워드를 그물망을 던지듯이 독서할 필요가 있다.

책을 읽어도 대부분의 단어는 머릿속에서 지워지는 경우가 많지만 그 가운데 키워드의 그물에 걸려드는 어휘들이 있다. 그것이 글쓰기를 위한 재료가 되는 부분이다. 그러나 키워드가 지나치게 많아지면 그물코가 촘촘해져서 너무 많은 것들이 걸려들어 좀처럼 읽는 속도를 올리기 어려워진다. 반면 키워드가 너무 적으면 그물코가 너무 넓어져서 하나도 걸려들지 않을 수 있다.

그러므로 무엇을 키워드로 할 것인가를 결정하는 능력도 중요하다. 그러한 키워드 결정능력을 몸에 익히기 위해서라도 역시 독서를 중심으로 한 정보의 수집이 의미가 있다. 그리고 인용의 중요성은 이미 수차례 강조한 바 있는데, 자신의 논리 가운데 다른 사람에 의해 쓰인 문구를 적어 넣는 것은 대단히 효과적이다.

책을 읽고 마음에 남는 문구를 인용하면서 자신이 그 대목에서 어떤 자극을 받았는가를 피력함으로써 자신이 쓴 글에 무게감이 더해지고, 읽는 사람으로 하여금 '흠, 그렇군…….'이라고 납득하도록 하는 효과도 얻을 수 있다.

그만큼 책을 읽는 동안에 인용할 문구를 의식하면서 독서를 하는 것은 매우 중요하다. 그렇게 축적된 문장을 직접 인용문으로 사용할 기회가 없더라도 자신의 글이나 이야기에 사용할 어휘가 늘어나는 커다란 힘을 얻게 될 것이다.

제1장에서 가볍게 언급한 바가 있지만, 문장력을 향상시키기 위한 훈련법의 하나로 '글을 쓰듯이 이야기하는' 방법도 있다. 쓰듯이 말한다는 것을 조금이라도 의식하면서 연습을 하다 보면 글을 쓰는 것이 훨씬 쉬워진다.

CHAPTER 05

예를 들어 '○○입니다 마침표'라는 식으로 마음 속으로 이야기를 하면서 쉼표와 마침표를 의식하는 것만으로도 상당히 문장력을 키울 수 있다. 아무것도 의식하지 않는 구어체만으로는 '어…… 그래서…… 그러니까…… 어떤 식으로든……'이라는 식으로 끝끝내 마침표가 없는 문장이 되기 쉽기 때문이다.

그러나 문장의 끝을 명확히 한다는 것을 강하게 의식하면서 이야기를 할 때에도 마침표를 붙이는 식으로 말하기 연습을 하면 글을 쓸 때와 점점 같아질 수 있는 것이다. 나도 녹음테이프 몇 십 개 분량이나 그러한 연습을 한 바 있다. 그래서 지금은 말을 하고 있는 동안에도 머릿속에서 그 내용이 활자화되어 나타나는 것처럼 느끼게 되었다.

그러나 이렇게만 하면 이번에는 말하기가 너무 딱딱해진다. 그래서 일상적으로는 부드럽게 말하는 것처럼 하고, 자신의 생각을 담아 내용이 깊은 이야기를 해야겠다고 생각할 때에 '○은 입니다 마침표'와 같은 감각으로 '글 쓰듯이 말하기'를 실천하고 있다.

흔히 "이야기하듯이 써라."라고 말하는 사람들이 많다. 쓴다고 하는 행위를 너무 가볍게 보고 그저 말하듯이 쓰면 된다는 생각이다. 분명 그것도 하나의 아이디어라고 할 수 있다. 그러나 이 책의 목적은 느슨한 문서를 작성하는 것이 아니라 비즈니스 현장에서도 활용할 수 있는 수준 높은 문장력을 갖추는 데 있다. 그러므로 제대로 된 문장을 쓰고 게다가 말도 깔끔하게 한다는 두 마리 토끼를 잡는 걸 목표로 해야 한다.

나 역시 글을 쓰듯이 말하는 능력을 얻게 됨으로써 말의 낭비가 많이 줄어들었다. 상황에 맞는 적절한 키워드를 구사하면서 임기응변적인 말하기도 가능해졌다고 생각한다. 평소에도 습관이 되어 있기 때문에 최근에 다시 느끼게 된 것인데, 뉴스를 듣고 있는 동안에도 무의식적으로 손가락으로 손바닥에 글을 쓰는 경우가 있을 정도이다. 예를 들어 "도쿄에서 지금 ○○이 일어나고 있습니다."라는 뉴스가 나오면 무의식적으로 '도쿄에서'라고 쓰고 있는 것이다. 듣고 있는 정보를 문자로 변환하는 습관을 들임으로써 듣고 있는 동안에 글자를 쓰게 된다. 물론 모든 것을 적을 수는 없지만 그처럼 뉴스를 문자의 형태로 신체적으로 받아들이는 것이다.

그런 사람이 나만은 아닐 것이라고 생각한다.

예를 들어 뉴스를 듣고 있을 때 대부분의 사람들은 소리로 문장을 듣고 있다기보다는 문자로 들을 것이다. 또 "건강해?", '응, 건강해, 건강해." "최근에 어때?"와 같은 구어체로 이야기를 할 때에는 한자로 변환하지 않아도 의미가 통한다.

그러나 "양적완화정책을 계속한다."는 이야기를 들었을 때는 '양

CHAPTER 05

적완화'라는 한자어를 떠올리게 마련이다. 그것을 떠올리지 못하는 사람은 무엇을 말하는지 알 수 없을 것이다. 결국 '양적완화'라는 단어를 들었을 때 곧바로 '量的緩和'라는 한자어가 머릿속에 떠오르기 때문에 비로소 이를 이해할 수 있다.

만약 초등학교 저학년 아이가 '양적완화'라는 말을 듣는다면 그에 해당하는 문자가 떠오르지 않기 때문에 의미를 알 수 없을 뿐 아니라 어느 나라 말인지도 알 수 없을 것이다. 그런 의미에서는 사실 한자를 배워야만 제대로 된 '말하기'와 '듣기'가 가능하다고 할 수 있다. 손쉽게 자신의 의사를 전달하기 위해서는 문자를 중심으로 하는 편이 압도적으로 효과가 있다.

반대로 어휘력이 부족한 사람과 이야기를 하고 있으면 아무래도 시간이 걸린다. 때때로 말할 때에 많은 한자어가 사용되고 한자에는 동음이의어가 많기 때문에 듣는 입장에서는 "말이 어려워서 이해하기 힘들다."는 사람이 있는데 말하는 사람 입장에서는 이 정도는 좀 알아 두라고 하고 싶어진다.

그런 시선을 받지 않기 위해서라도 국어능력을 확실히 높여둘 필요가 있다. 그래서 나는 기본적으로 신문을 읽고, 신간서적은 적어도 한 달에 두세 권은 반드시 읽으며 기초체력을 길러야한다고 호소하는 것이다.

CHAPTER 06

나의 글쓰기 능력에 도움을 준 책

변덕쟁이
로봇

　이전에 초등학생을 대상으로 교육을 한 적이 있다. 그때 학생들에게 이 책을 읽게 했는데 모두들 굉장히 좋아했다.

　타이틀작이 되는 '변덕쟁이 로봇'을 비롯해 모든 작품이 2~3페이지 정도의 단편들인데, 모든 작품이 정말로 재미있다. 이렇게 짧은 글로 독자들을 휘어잡는 것은 사실은 대단히 어려운 일로, 이런 글을 쓰는 작가의 능력에는 혀를 내두르지 않을 수 없다. 무엇보다 중요한 것은 아이디어이다. 단편의 경우에는 인상적인 결말이 반드시 필요하기 때문이다.

　예를 들어 '새로 발명한 베개'라는 작품의 경우, 어느 박사가 베고 자기만 하면 영어를 할 수 있게 하는 베개를 발명한다는 것으로 이야기를 시작한다. 기승전결로 말하자면 이것이 '기'에 해당한다. 공들여 발명하기는 했지만 박사 자신은 원래 영어를 할 수 있기 때문에 이것을 실험할 수 없다. 그래서 영어를 못 하는 이웃인 주인공이 "그럼 내가 실험을 하겠다."고 말한다. 이것이 '승'이다.

그런데 주인공이 그 베개를 사용해 보아도 바로 영어를 말하지는 못한다. 고장이 난 것은 아닌데 이상하다. '실패한 것인가?'하고 생각한다. 이것이 '전'이다.

그러던 어느 날 주인공의 딸아이에게 "그래, 요즘 아버지는 잘 지내시니?"라고 물어보는데, 딸아이는 "요즘 아빠가 잠꼬대를 영어로 해요."라고 대답하고, "잠들어 있을 때의 공부가 도움이 되는 것은 역시 잠들어 있을 때 뿐이었다."라는 말로 끝이 난다. 이것이 '결'이다.

이처럼 이 작품은 기승전결의 흐름을 따라 이야기를 구성할 때의 교과서라고 해도 좋을 만큼 훌륭한 구조를 보여 준다. 글을 쓸 때에 재미가 없다, 결론이 없다는 이야기를 듣는 사람은 호시 신이치의 작품을 읽어본다면, 어떻게 하면 적은 글자 수로 사람들에게 놀라움을 줄 수 있는지를 알 수 있을 것이다. 호시 신이치는 참으로 방대한 양의 단편집을 남겼다. 따라서 반드시 이 책이 아니라도 좋으니 꼭 그의 작품을 읽어 보고 짧은 문장으로 사람의 마음을 휘어잡는 방법을 배우기를 바란다.

이솝우화집

| 나카쓰카사 데쓰로(中務哲郎) 역 |

　뛰어난 단편을 말하는 데 있어《이솝우화》를 빼놓을 수 없다. 우화란 비유를 통한 이야기를 말하는데, '개미와 베짱이', '토끼와 거북이', '여우와 신 포도', '북풍과 태양' 등이 그것이다.
　사실 최근 들어 대학생들조차도 '여우와 신 포도'나 '북풍과 태양' 이야기를 모르는 학생이 있다는 사실에 매우 놀랐다.
　우리 세대는 어렸을 때 '반드시'라고 해도 좋을 만큼 누구나《이솝우화》를 읽었는데 그런 기회를 갖지 못하고 어른이 된 것은 너무나 안타까운 일이다.
　《이솝우화집》은 호시 신이치 작품보다 더 짧은 글로 인상적인 이야기를 풀어낸다. 또 훌륭하게 기승전결의 구조를 가진 작품도 많다.

CHAPTER 06

 예를 들어 '북풍과 태양'이라면, 북풍과 태양이 누가 더 센가를 다투는 장면이 바로 '기'. 지나가는 행인의 옷을 벗기기 위해 북풍이 힘껏 찬 바람을 불지만, 오히려 더욱 옷깃을 여미는 장면이 '승'. 태양이 따뜻한 햇살을 내리쬐어 남자가 옷을 벗는 장면이 '전'. 그리고 목적을 달성하고 싶다면, 강제하기보다는 설득하는 것이 효과적인 경우가 많다는 것이 '결'에 해당한다.

 이솝은 기원전 6세기 고대 그리스인이다. 그가 정리했다고 알려지긴 했지만, 현재 전승되어 오는 이야기의 대부분은 후대의 가필이 있다고도 하는데 실상을 알기는 어렵다. 어찌 됐든 이솝우화 속에 민중이 대를 이어 이야기한 것들이 집대성되어 있는 것은 사실이다. 그러므로 사람이 고대와 현대를 불문하고 얼마나 이야기를 좋아하는지를 보여주는 작품이라고도 할 수 있다.

 '여우와 신 포도' 이야기에서처럼 손에 넣을 수 없는 것에 대한 안타까움에 폄하하는 말을 내뱉는 것은 오늘날에도 흔히 볼 수 있는 장면이다.

 그렇게 사람의 마음에 쉽게 와 닿게 만드는 우화의 작법은 비즈니스 문서에도 활용할 수 있을 것이다. 꼭 《이솝우화》를 읽고 공부해 보기를 바란다.

무사의 가훈

| 구와타 다다치카(桑田忠親) 역 |

　가훈은 후손들에게 자신의 전 인생에서 가장 중요한 경험이나 지식을 전하려는 의지의 표현이다. 가능한 한 군더더기를 없애고, 정말로 중요한 것만을 쓴다. 그렇기 때문에 가훈은 우리 후대의 가슴을 때린다.

　이번에 소개하는 《무사의 가훈》에는 호조 소운北條早雲, 모리 모토나리毛利元就, 오나 노부나가織田信長, 노요토미 히데요시豊臣秀吉, 도쿠가와 이에야스德川家康 등 올스타전과 같은 쟁쟁한 인물들이 총출동한다.

　예를 들어 다케다 노부시게武田信繁의 가훈이 있다. 그는 다케다 신겐武田信玄의 동생으로 대단히 유능한 무장이었다. 그 가훈에는

CHAPTER 06

현대에도 처세술의 일환으로 충분히 활용할 수 있는 내용이 담겨있다. 몇 가지를 살펴보자.

- 학문을 함에 결코 소홀해서는 안 된다. 논어에 이르기를 "배우되 생각하지 않으면 얻을 것이 없다." 하였다.
- 무슨 일이 있더라도 '인내'라는 두 글자를 잊어서는 안 된다. 옛 이야기에도 "한신이라는 사람은 그 집안이 가난하고, 소년 시절에 다른 이의 가랑이 사이를 지나가는 굴욕을 겪기도 하였지만, 잘 인내하여 마침내는 한나라의 대장군이 되어 성공했다."는 말이 있으며, "한순간 화를 참지 못해 몸을 망친다."는 예는 너무나도 많다.
- 과실을 범하지 않도록 노력해야 한다. 만약 과실을 저질렀다면 그 다음에는 특별히 조심하여 결코 두 번 다시 과실을 범해서는 안 된다. 논어에도 "잘못을 했으면 고치기를 꺼리지 마라."라든가, "잘못을 하고도 고치지 않는다면 이것이 바로 잘못이다."라는 말이 있다.

이처럼 노부시게의 가훈은 심플하고 읽기 쉬운 조목별 서술방법을 택하고 있다.

조목별 쓰기는 메일 등을 쓸 때도 도움이 된다는 것은 앞에서도 설명한 바와 같지만, 그 교과서로 사용하기에도 좋을 것이다. 또 고전의 인용이 많은 것도 하나의 특징이라고 할 수 있다.

노부시게가 이렇게 말한다는 것만으로도 후대의 우리에게는 충분한 설득력이 있지만, 논어나 사기 등의 고전을 인용함으로써 설득력이 더욱 커진다. '인용'을 최대한으로 활용한, 대단히 훌륭한 글이라고 생각한다. 이것은 우리가 실제로 글쓰기를 할 때에 응용할 수 있는 테크닉이다.

이 가훈의 마지막에는 "함부로 말하는 것이 아니며, 다른 이에게 누설할 것도 아니며, 오히려 유서와도 같은 것이다."라고 쓰여 있다. 노부시게가 자신의 인생 전부를 응축하여 적은 것인 만큼 읽어서 배울 것이 많을 것이다.

이 외에도 모리 모토나리의 유훈 등도 상당한 참고가 된다. 이것은 세 개의 화살 이야기로 유명한 자신의 세 아들늘을 위해 남긴 가훈이다.

이 가훈도 조목별 쓰기 형식을 채용하고 있다. 그 첫 번째 조항에는 다음과 같은 내용이 쓰여 있다.

"몇 번을 말해도 마찬가지지만, 우리 집안의 성씨인 모리毛利를

CHAPTER 06

보존하여 자손만대에 이를 수 있도록 항상 노력할 것을 명심해야 한다."

이렇게 시작하여 마지막 조항에도 "세 형제가 조금이라도 사이가 틀어진다면, 세 집안이 모두 멸망하게 될 것임을 잊지 마라.", "자손 대대로 이 가훈을 잊지 않도록 하라."는 말이 보인다.

모리 모토나리가 왜 이렇게까지 삼형제의 단결을 강조하고 있는지는 어떤 위기감에 쌓여 있었기 때문인 듯하다. 자신이 '너무나도 많은 사람을 죽였다. 그 응보는 반드시 받게 될 것이다. 그 업보가 너희들에게 미칠까 미안하고 두렵다.'는 위기감이다. 그리고 모토나리는 자신이 열한 살이 되는 해부터 매일 떠오르는 아침 해를 향해 참배를 하고 염불을 열 번씩 외워 왔다고 기록하고 있다. 그리고 세 아들에게도 이렇게 할 것을 당부하고 있다. 나아가 신에 대한 강한 신앙을 가질 것을 권하고 있다.

이 가훈은 기본적으로는 삼형제의 단결과 신앙에의 권유, 그리고 자신이 죽은 뒤 친족의 처우 등 대부분 이 세 가지 내용을 다루고 있다. 같은 내용의 반복도 많고, 반드시 좋은 글이라고 할 수 없는 부분도 많지만 상대의 감정에 강하게 호소하는 면이 있다는 점에서는 본보기가 될 만하다고 생각한다.

그리고 실제로 형제 간에도 서로를 죽이기를 서슴지 않았던 전국

시대에 모토나리의 세 아들은 그 가훈을 지켜 우애를 잃지 않았고, 마침내는 전국시대라는 난세에 살아남을 수 있었다. 정에 호소하는 모토나리의 가훈이 이에 크게 공헌했음은 말할 필요도 없을 것이다.

모리 모토나리는 현실의 냉엄함을 분명히 알고 있었을 뿐 아니라 자식들에게 후사를 맡김에 있어서 이러한 글을 남긴 것이다.

예를 들어 우리도 업무를 인계할 때 구두로만 남겨서는 안 된다. 간단하게 10개 항목이라도 좋으니 확실하게 문서로 남겨라. 이는 매우 중요하다.

'이런 문제가 생겼을 때는 이렇게 하면 방지할 수 있다.'는 정보는 문서로 남길 때 비로소 살아 있는 지식으로 축적된다.

논문작성법

| 시미즈 이쿠타로(淸水幾太郎) 저 |

논문작성법을 다루고 있는 책 가운데는 대단히 평판이 높은 책이다.

논문이나 리포트를 어느 날 갑자기 쓰는 것은 상당히 어려운 일이지만, 이 책은 처음에는 짧은 글로 시작하여 점차 레벨을 높여가는 방법을 알려주고 있다. 또 효과적으로 문장력을 키우는 방법으로 대가의 문장을 따라 할 것을 권유하고 있다. 그리고 매우 참고가 되는 것이, '○○이지만, 이라는 표현을 경계하라'는 장이다. 저자의 번역경험을 바탕으로 접속조사인 '~만'이라는 표현은 역접 이외에도 많은 의미가 있기 때문에 별도로 의식을 하지 않으면 '~만'이 넘치는 문장이 되기 쉽다는 것이다.

'~만'은 대단히 편리한 접속조사이기 때문에 이것을 자주 사용하면 누구라도 나름의 글을 쓸 수 있다. 하지만 "그래서는 멋진 글은 쓸 수 없다."는 저자의 충고는 매우 의미가 있다. 우리도 이 접속조사 '~만'을 쓸 때는 충분히 주의를 기울여야 한다. 이 외에도 "글을 쓸 때는 모국어를 외국어로 취급하지 않으면 안 된다.", "글은 인간이 짓지 않으면 존재할 수가 없다. 글은 짓는 것이며, 짓는 것이 아니어서는 안 된다." 등등 배울 것이 많다.

그중에도 인상적인 것은 '있는 그대로 나아가자'는 6장이다. 저자는 이 장에서, 글을 쓰는 것은 관념의 폭발이라고 말한다. 에너지를 축적해서 마침내 한 번에 폭발하듯이 쓰는 것이 좋다는 것이다. 그리고 쓰기 시작해서는 자신의 내부에 쌓아 둔 권위 있는 어휘, 수많은 남의 지식을 버리고 자신의 내부에 남은 자기 자신의 것을 토해 내라고 말하고 있다.

이는 곧 '용기를 가지라.'는 말이다. 누구나 글을 쓸 때에는 기가 필요하다. 하지만 좀처럼 용기를 갖기 어렵기 때문에 계속해서 타인의 지식이나 타인에 의존하는 글쓰기를 하게 된다. 그러나 그렇게 타인에게만 의지해서는 작정을 하고 쓰는 글을 지을 수 없다. 그래서는 좋은 글을 쓸 수 없으므로 자기 자신이 우선 벌거벗은 상태가 되어 용기를 가지고 자기 자신을 믿고, 자신의 생각을 폭발시키라는

CHAPTER 06

것이다. 씨름에서 벌거숭이가 되어 일대일로 맞선다는 그런 이미지를 떠올려보면 된다. 그런 식으로 글을 쓰면 문장에 힘이 생기고, 진정성이 생긴다. 그리고 그러한 글만이 독자의 가슴을 때릴 수 있다.

　논문을 쓸 기회가 있는 사람은 누구라도 이 책을 읽어야 한다. 또 내용적으로는 모든 글에 통용되므로, 그렇지 않은 사람들에게도 꼭 일독을 권하고 싶다.

레오나르도 다빈치, 천재의 소묘와 수고

| 안나 수 편, 모리타 요시유키(森田義之) 감수,
고바야시 모리코(小林もり子) 역 |

르네상스 시대에 태어난 레오나르도 다빈치는 우선 화가로 유명하다. 그와 동시에 과학자이며 발명가이기도 하고, 만능의 천재라고 알려진 인물이다.

그런 다빈치는 메모를 상당히 즐겼다고 한다. 그리고 그 방대한 메모가(전부는 아니지만) 지금도 전해지고 있어 우리도 읽어볼 수 있다. 인류 역사에 그 이름을 남긴 천재의 메모를 서점에서 사서 읽을 수가 있다니, 이는 이루 말할 수 없는 은혜이다.

다빈치의 메모는 문자만을 이용한 것이 아니라는 데에 큰 특징이 있다. 문자만이 아니라 그림도 많이 활용한 것이다. 특히 그림이 발군이다. 새로 발명한 도구, 하늘을 나는 기계, 전차 등 다빈치는 새로

CHAPTER 06

운 도구를 고안할 때에 그것을 그림과 문자로 남겼다. 뛰어난 데생 능력이 그에게는 또 하나의 문자였으며 또한 아이디어의 원천이기도 했던 것이다.

'쓴다.'는 행위의 즐거움의 하나는 '새로운 것을 창조해낸다.'는 것이다. 다빈치는 자신의 내부에서 무엇인가가 넘쳐나려고 할 때, 그 무엇인가를 확실하게 붙잡아서 문자와 그림으로 남기고자 노력했다. 이 책은 그러한 다빈치의 노력을 알 수 있는 수기이다. 그러므로 이 책은 창조적인 순간이 어떠한 것인가를 알려주는 책이라고 할 수 있을 것이다.

예를 들어 그는 수기에서 이렇게 말하고 있다.

> 인간은 예로부터 소우주라고 했다. 맞는 말이다. 인간이 흙, 물, 바람, 불로 구성되어 있는 것이 맞다면 이 대지의 구성과 같기 때문이다. 인간이 자신의 육체를 지탱하는 뼈대를 갖고 있듯 세계는 자신의 지지대로서 암석을 가지고 있다. 인간이 자신의 내부에 혈액의 연못(거기에 있는 폐는 호흡을 할 때마다 팽창과 수축을 한다)을 가지고 있는 것과 같이 대지의 육체는 대양을 가지고 있는데 이 또한 세계의 호흡(밀물과 썰물)에 의해 6시간마다 팽창하거나 수축한다.

그가 인간의 육체를 이렇게까지 역동적인 것으로 인식하고 있다는 사실에 놀라움을 느끼게 된다. 이외에도 '운동은 모든 생명의 근원이다.'라는 기술도 있어서 그의 인간관과 세계관을 잘 알 수 있다.

나아가 여성의 머리를 감아 묶는 것과 홍수의 소용돌이를 연관지어 생각하는 듯이 보이는 글도 있는데 여기서 그의 독특함을 엿볼 수 있다. 소용돌이는 다빈치에게 대단히 중요한 테마였다. 그는 많은 양의 소용돌이 그림을 남겼다. 물의 소용돌이만이 아니라 여성의 머리모양도 자주 그림으로 남긴 바 있다. 홍수와 여성의 머리를 소용돌이라는 같은 원리로 이해하려 했다는 것은 다빈치의 독특한 발상을 잘 드러낸다고 할 수 있다.

이렇게 수기를 읽다 보면 아무리 천재라도 위대한 발견이나 발명을 아무것도 없는 상태에서 이룰 수는 없다는 것을 깊이 이해할 수 있다. 창조적이기 위해서는 꾸준하고 우직한 작업이 필요한 것이다. 다빈치 같은 사람도 무엇인가를 발견하거나 생각할 때에 일일이 메모를 하면서 생각을 다듬어 갔던 것이다.

그러므로 우리도 갑자기 어떤 대단한 것을 이룰 수는 없다. 많은 메모를 하는 작업이 먼저 필요하고, 그러한 메모를 축적하면서 커다란 무엇인가를 그려 갈 수 있다.

그리고 다빈치 수기를 꼭 읽어 보기를 바라는 또 하나의 이유는

CHAPTER 06

그의 솔직함이 그대로 드러난다는 점 때문이다. 탄탄대로를 걸은 인생은 아니었기에 고충을 토로하는 글도 남겨져 있다.

> 불쌍한 레오나르도, 너는 왜 이리도 고민하는가.
> 철이 용처를 잃어 녹슬고, 물이 썩거나 추운 날에 얼어 버리듯이 재능도 쓰일 곳을 모르고 쇠하는구나.

저 위대한 다빈치가 생각대로 되지 않는 현실을 한탄하고 있다. 만능의 천재도 괴로워하면서 고뇌한다면, 우리가 다양한 일로 고민하는 것은 당연한 일일지도 모른다.

그의 높디높은 의지와 삶에 대한 의욕이 느껴지는 표현도 있다.

> 화가는 만능이 아니라면 칭찬의 가치가 없다.
> 멋지게 불타오른 인생은 길다.

이는 우리도 진지하게 살지 않으면 안 된다는 격려의 말과 같다고 할 수 있다. 이처럼 좌우명으로 삼아도 좋을 만한 표현을 자주 만날 수 있는 것도 이 수기가 가진 멋이기도 하다.

그런데 이와나미문고 岩波文庫판은 텍스트는 충실하게 담겨 있지만, 수록되어 있는 데생의 수에는 제약이 있다. 데생도 전부 보고 싶은 사람은 조금 비싸기는 하지만 니시무라서점西村書店의 대형판 서적을 구입하기를 권한다.

글 읽는 나날(상, 중, 하)

| 톨스토이 저, 키타미카 도지로(北御門二郎) 역 |

　톨스토이는 《전쟁과 평화》나 《안나 카레니나》 등의 명작을 남긴 세계적인 대문호이다. 이 《글 읽는 나날》은 그 톨스토이가 다른 사람의 작품을 읽고 '아, 이 부분은 참 좋다.'고 느낀 부분을 발췌하여 정리한 책이다.

　예를 들어 벤담의 책을 읽고 "인간은 남에게 행복을 준 만큼 자기의 행복을 증대시킨다."는 문장을 발췌한다.

　마르쿠스 아우렐리우스 안토니우스의 책을 읽으면, "인간의 선덕에는 마치 보석과 같은 성질이 없어서는 안 된다. 보석은 어떠한 일이 발생하더라도 의연하게 아름답게 빛나는 것이다."라는 문장을 소개한다.

이렇게 독서 인용 노트를 톨스토이는 작성해 하나로 묶어《글 읽는 나날》이라는 제목으로 출간한 것이다. '인용'의 교과서라고 할 수 있다. 그리고 톨스토이 자신이 "내 작품은 시간이 흘러 사람들의 기억에서 사라지겠지만, 이 책들은 반드시 사람들의 기억 속에 남아 있을 것이다."라고 했다고 한다.

놀라운 것은 대상이 되는 서적의 범위이다. 서양의 사상서나 소설은 물론 동양의 논어, 노자, 부처와 마호메트의 말도 등장한다. 어디서부터 읽기 시작해도 상관이 없으므로 머리맡에 두고 자기 전에 조금씩 편하게 읽어도 좋은 책이다.

실제로 톨스토이 자신도 그런 식으로 읽히기를 바란 듯 이 책의 서문에 "바라건대 독자들이 밤이나 낮으로 이 책을 가까이 함으로써 나 자신이 이 책을 쓰면서 경험한 것과 같은, 나아가 지금도 이 책을 가까이하며 좀 더 나은 제2판의 출간을 준비하면서 내가 경험하고 있는 것과 같은, 숭고하고 얻는 것이 많다는 감정을 경험하기를 바란다."고 쓰고 있다.

자기 자신을 갈고 닦아준 수많은 서적, 그 가운데서 고르고 고른 표현들과 만남으로써 보다 나은 영혼을 갖기를 바란 것이다. 무엇보다도 저자인 톨스토이 자신이 그러한 즐거움을 맛보고 있었던 것이다. 그는 폐렴으로 죽게 되지만 죽기 며칠 전, 병상을 지키던 딸에

CHAPTER 06

게 이 책의 10월 28일조를 읽어달라고 했다고 한다. 그리고 "전부 좋아, 모두 간결해서 좋네……. 그래, 그래……."라고 중얼거렸다고 한다.

 이 책을 읽으면 물론 톨스토이가 바란 대로, 명언집으로써 자신을 갈고 닦을 수가 있다. 나아가 대문호 톨스토이가 어떠한 문장을 명언으로서 선정했는지 그 기준을 배울 수도 있다.

 그리고 또 하나 중요한 것은, 책을 그냥 읽고 마는 것이 아니라 기록하는 것이 얼마나 중요한 것인가를 알 수 있다. 톨스토이조차도 이처럼 세심한 독서를 했으니 마땅히 우리도 그것을 배워야할 것이다. 자신이 좋다고 느낀 문장에 줄을 긋고, 나중에 필사한다. 스마트폰에 메모를 해도 좋다. 그렇게 함으로써 내 안에 좀 더 많은 글쓰기 재료를 축적할 수 있는 것이다.

료마의 편지

| 미야지 사이치로(宮地佐一郎) |

나는 과거에 사카모토 료마 板本龍馬의 편지 글 가운데 몇 개를 구어로 번역하여 《이거라면 읽을 수 있다, 사카모토 료마로부터의 편지》(소학관 小學館)라는 책을 낸 적이 있다. 그 책을 쓸 때에 료마의 모든 편지를 다 읽어 보았는데, 읽을 때마다 깊이깊이 그 글의 훌륭함에 감탄을 금할 수 없었다.

나는 《료마의 편지》는 일본인이 쓴 그 어떤 편지보다 더 사유롭고 부드러운 작품이라고 생각한다. '글쓰기'에 있어서도 료마는 역사에 남을 만한 인물임에 틀림이 없다.

보통의 편지는 뻔한 계절인사와 의례적인 어투 등의 틀에 갇혀서 형식적인 글이 되기 쉽다. 아무래도 이런 식이면 편지를 쓰는 본

CHAPTER 06

인의 심경이나 마음이 충분히 드러나지 않아 약간은 재미없는 글이 된다. 그런데 료마의 편지는 그 비유가 뛰어나고 표현도 자유자재이다.

예를 들어 1863년 3월에 여동생에게 보낸 편지는,

> 참으로, 참으로 인간 세상은 납득이 가지 않는 일이 많은지라, 마치 운이 나쁜 놈은 목욕탕을 나서다가 불알이 문짝에 끼어서 죽는 놈도 있나니.

와 같이 의표를 찌르는 표현으로 시작된다.

그리고 자신은 그런 사람에 비하면 운이 좋아서 일본 제일의 인물인 가쓰 가이슈勝海舟라는 사람의 제자가 되었다고 쓰고 있다.

그로부터 두 달 후 다시 여동생에게 보낸 편지에는, 이번에는 가쓰 가이슈의 제자가 아니라 빈객의 대우를 받고 있노라고 고백하고 있다. 가이슈로부터 인정을 받은 자신에 대해 "에헴."이라고 허세를 떠는가 하면, 편지 말미에도 다시 한번 "(나, 이런 사람이야) 험험."이라는 표현을 하고 있다.

다시 그 다음 달에 여동생에게 보낸 편지에서는, 막부의 공격을 받아 입은 부상을 치료하기 위해 아내와 함께 떠난 가고시마 여행에 대해 서술하고 있다. 주목할 것은 이 편지에 아내와 함께 오른 무도산의 그림이 크게 그려져 있다는 것이다. 그림이 들어간 신혼여행에 대한 편지를 통해 료마의 기분이 매우 좋다는 것을 느낄 수 있다.

  이런 편지를 읽는 것만으로도 료마가 자신의 마음을 잘 드러내고 다른 이의 마음을 즐겁게 만들 수 있는 인물이라는 사실을 잘 알 수 있다. 그런 사람이 살아서 지금 눈앞에 있다면 반드시 사람들을 매료시켰겠구나, 사람의 마음을 움직였겠구나 하는 생각이 든다.

  이처럼 자신의 속마음을 그대로 드러내는 편지를 쓰기란 그다지 쉬운 일이 아니다. 그런 의미에서 사카모토 료마의 편지에서 배울 수 있는 것은 매우 많을 것이다. 그리고 편지 가운데 내가 높이 평가하는 것은 노구치 히데요野口英世의 어머니, 시카의 편지이다. 그녀의 글을 나는 미문美文이 아닌 명문名文의 대표라고 생각한다. 그 일부를 소개하고자 한다. 뉴욕에서 공부하고 있는 히데요에게 '빨리 돌아왔으면 좋겠다.'는 어머니의 마음이 그대로 전해질 것이다.

> 무사히 빨리 돌아오게 하소서
> 무사히 빨리 돌아오게 하소서
> 무사히 빨리 돌아오게 하소서
> 무사히 빨리 돌아오게 하소서

CHAPTER 06

> 평생의 바람이나이다.
> 서쪽을 향해 절 한 번 하고,
> 동쪽을 향해 절 한 번 하고,
> 북쪽을 향해 절 한 번 하고,
> 남쪽을 향해 절 한 번 하나이다.

오자나 탈자도 많은 편지 글이지만 읽는 이의 마음을 뭉클하게 만든다. 인쇄본도 상당히 감흥이 있겠지만 실제 편지를 읽다보면 그 필체의 흔들림마저 전해져서 더욱 박력이 느껴진다.

나는 이 편지에 언어의 원초적 힘이 넘쳐 나고 있다고 생각한다. 비록 어눌한 문장일망정 사람의 마음을 크게 흔들 수 있다는 사실을 이 편지는 우리에게 알려 주고 있다.

그리고 이 편지는 내가 편집한 《꿈의 국어교과서》(문예춘추)에도 수록되어 있으니, 혹시 전문을 읽어 보고 싶다면 이 책을 읽어보기를 바란다.

바쇼 입문

| 이모토 노이치(井本農一) 저 |

마쓰오 바쇼의 《안쪽 좁은 길》도 꼭 읽어 보기를 권하는 책이다. 여행을 하면서 기록을 남기는 것의 중요성을 알았으면 하는 바람이 있기 때문이다.

여행을 떠나면 거기엔 새로운 만남이 있다. 사람과의 만남이 있는가 하면, 풍경과의 만남도 있다. 바쇼는 여행지에서 특히 인상에 남는 만남이 있으면 하이쿠_{일본 고유의 딘시}로 남기곤 했다. 7, 5, 7의 19자에 자기의 경험이나 감상을 응축해서 짓는 것이다.

예를 들어 히라이즈미_{平泉}를 방문했을 때는 "3대의 영화가 한순간의 꿈과 같도다. 대문 유적이 1리 건너에 있다."라는 말로 시작한다.

CHAPTER 06

오슈 후지와라 奧州藤原 씨의 3대에 걸친 영화는 한순간 꿈과 같이 끝나고, 폐허가 된 저택의 대문 유적이 1리 밖에 있다는 내용이다. 고관대작의 저택도 풀밭이 되어, 후지와라 씨의 저택에도 이제는 풀만이 자라나고 있는 바로 그곳에 서서 회한의 눈물을 흘렸다……라는 식으로 여행의 감상을 적은 뒤에, 그 유명한 "여름날의 풀이여, 병사들의 꿈, 공명을 다툰 자취."라는 하이쿠가 수록되어 있다.

그 후에 주손지 中尊寺의 경당과 광당을 둘러본 바쇼는, 당시에 축조한 다른 모든 건물들이 풍우에 씻겨 쇠락한 가운데 장려하게 두 개의 건물만이 온전히 남아 있는 것에 깊은 감명을 받았다. 그래서 이번에는 '사미다레 五月雨 | 장맛비 비껴가, 남겨진 광당 光堂'이라는 시를 읊는다. 여행에서 보고 들은 것이나 감상을 일기식으로 기술하고, 그 다음에 하이쿠를 지어 마무리하는 구성을 취함으로써, 하이쿠를 읽은 후에 바쇼의 마음을 잘 알 수 있고, 시를 음미할 수 있게 되는 것이다. 단순히 '히라이즈미의 유적은 모두 쇠락한 상태였다.'라거나 '광당은 아름다웠다.'라는 정도로는 의미가 없다. 역사에 생각을 얹어 "여기만 사미다레가 내리지 않았나 보다."라고 읊음으로써 광당의 아름다움과 다른 건물의 쇠락을 동시에 묘사하고 있는 것이다.

바쇼 일행의 여행은 우여곡절이 많아서 히라이즈미를 지나서는 비바람을 만나 피하고자 산속의 민가에 들어서서야 비로소 '이가 들끓는 마구간, 마초를 베개 삼아' 잠드는 상황에 빠진다. 야마가타의 릿샤쿠지立石寺에서는 '고요함이여, 바위에 스며드는 매미의 울음'이라는 대표작을 남긴다.

그 후 바쇼 일행은 모가미가와最上川로 향했고, '장맛비 모여 물길 재촉하는 모가미가와'라는 작품을 남긴다.

여행에 나서면 사람은 반드시 무엇인가와 만나며 무엇인가를 깨닫게 된다. 그러니 여러분도 여행을 하다 보면 많은 것들과 만나고, 멋진 글을 남길 수 있을 것이다.

또 《안쪽 좁은 길》과 더불어 읽어 봤으면 하는 책으로 이모토 노이치井本農一의 《바쇼 입문》이 있다. 바쇼는 어떤 인물이며 어떠한 여행을 했는가를 이 책을 보면 알 수 있다. '입문'이라는 책의 제목에서도 알 수 있듯이 200페이지 정도의 적은 분량이므로 읽기에 부담이 없고 그럼에도 바쇼의 본질을 충분히 이해할 수 있도록 도와주는 책이다.

젊은 수학자의 아메리카

| 후지와라 마사히코(藤原正彦) 저 |

여행은 글을 쓰는 데 멋진 소재가 된다는 것을 이해하게 하는 또 하나 권할 만한 책이 바로 이 책이다. 수학자 후지와라 마사히코가 미시건 대학의 연구원으로 미국에서 유학했을 때의 이야기를 다룬 에세이이다. 일본수필가협회의 상을 수상한 작품이기도 하다.

나는 젊은 시절에 이 책을 읽고 깊은 감명을 받았다.

후지와라 씨는 미국에서 처음에는 오대호 주변에서 살았는데, 점점 향수병과 같은 마음 상태에 빠져들게 된다. 그래서 요양을 위해 남부의 플로리다주로 이사하게 되고, 어린 소녀와 조우하면서 위안을 얻고 마침내는 콜로라도 대학의 조교수로 추천된다는 내용이다.

이런 내용들은 아무래도 일본에 있으면서는 쓸 수 없는 내용이다.

유학을 하면 우울해지거나 성격이 어두워지거나 아니면 하루하루 감정의 변화가 잦아질 수 있다. 그러나 그런 때야말로 좋은 글을 쓸 수 있는 때이기도 하다.

그러므로 여행이라도 하게 되는 경우에는 꼭 그때에 자신의 보고 들은 것과 느낀 것을 기록으로 남기기를 당부하고 싶다. 그 자리에서 멋진 에세이를 쓸 수는 없다 하더라도 메모와 같은 기록만 남긴다면 나중에라도 멋진 에세이를 쓸 수 있다.

이것은 반대로도 이야기할 수 있을 것 같다. 에세이를 쓴다는 사실을 의식한다면 어떤 여행에서나 무엇인가를 만나려고 노력하게 된다는 것이다.

나는 수업시간에 자주 학생들에게 에세이 쓰기 과제를 주는데 인원이 적은 수업의 경우에는 반드시 전원에게 에세이를 써 오도록 하고, 모두가 그것을 10분 이내에 읽은 후에 그에 대해서 코멘트를 하도록 하고 있다. 그렇게 하려면 매주 새로운 만남이 필요해진다. 어디를 갔다든가, 무슨 책을 읽었다든가, 연애를 했다든가 등 무엇인가 주체적으로 움직일 필요가 생긴다. 게다가 그러한 만남 속에서 자신이 무엇을 느꼈는가를 적어 봄으로써 그 경험의 의미와 가치를 스스로 깊이 생각해 볼 수 있다.

후자와라 씨처럼 연구자로서 미국에 간다는 경험을 할 수 있는

CHAPTER 06

사람은 적을 것이라고 생각한다. 그러나 자신의 경험을 이런식으로 써 봄으로써 훌륭한 에세이를 쓸 수 있게 된다는 것을 실감하기 위해서라도 이 책을 꼭 읽어 보기를 바란다.

후자와라 씨는 이 작품 이외에도 캠브리지 대학의 연구생으로 나갔을 때의 경험을 바탕으로 쓴《흔들리는 캠브리지 - 수학자의 영국》(신조문고 新朝文庫) 등 훌륭한 작품이 많다.

후지와라 씨는 수학자이지만, "모든 지적활동의 기초는 국어에 있다."고 쓰고 있다. 그것을 강조한《조국은 국어》(신조문고)나《박사가 사랑한 수식》등의 소설로 유명한 오가와 요코 小川洋子 씨와 함께 쓴《세상에 아름다운 수학 입문》(지쿠마 프리마신서) 등도 읽어 보기를 권하는 책이다.

이《세상에 아름다운 수학 입문》에는 "수학은 하이쿠와 비슷한 면이 많다."는 표현이 나온다. 수학과 하이쿠는 모두 미적감각이 없으면 잘할 수 없는 것으로, 일본에 뛰어난 수학자가 많은 것은 마치 일본문화가 하이쿠를 꽃피게 한 것과 같은 아름다운 문화이기 때문이라는 말이다.

러셀 행복론

| 버트랜드 러셀 저, 안도 사다오(安藤貞雄) 역 |

철학자이자 수학자로 활약한 버트랜드 러셀이 쓴《행복론》에는 수없이 많은 지혜가 들어 있다.

나는 2008년에《따분함(심심함)의 힘》이라는 책을 낸 적이 있는데, 러셀의 이 책에 있는 '따분함과 행복에 관한 고찰'을 읽지 않았더라면 그런 기획은 탄생할 수 없었을 것이다. 훌륭한 책은 우리에게 많은 힌트를 준다. 그 힌트를 다각석으로 생삭해 보고 사기 나름대로 생각의 가지를 뻗어 보면 책 한 권을 쓸 수 있을 정도의 축적이 될지도 모른다.

말이 나온 김에 러셀이 '따분함'에 대해서 어떤 생각을 가지고 있었는지 살펴보자.

CHAPTER 06

　그는 "어느 정도의 따분함은 인생에 있어서 피할 수 없는 성분일 것이다."라고 말한다. 그리고 "전쟁, 학살, 박해는 모두 따분함에서 벗어나려는 도피의 일부였다.", "인류가 범하는 죄의 적어도 절반 정도는 따분함에 대한 공포에 기인한다."고까지 잘라 말하고 있다.

　그렇다고는 해도 러셀은 따분함이 반드시 나쁜 것만은 아니라고 생각해서 성장에 필요한 것으로 인정하고 있다. 그래서 아이들에게 있어서 '심심함'은 중요하다고 했다. 그리고 따분함의 반대편에 있는 '흥분'에 관해서는 "너무나 흥분에 넘치는 생활은 심신을 소모시킨다."고 밝히고 있다. 러셀은 "따분함을 견디는 능력을 어느 정도 가지는 것은 행복한 생활에 반드시 필요하며, 젊은 이들에게 마땅히 이를 가르쳐야 한다."고 강조했다.

　러셀은 또 "모든 위대한 이의 생애에는 지극히 따분한 시간을 포함하고 있다."고 말한 바 있다. 러셀은 그 구체적인 사례로, 칸트가 한평생을 쾨니히스베르크 근처에서만 살았다든가, 다윈이 세계일주를 마치고는 줄곧 집에만 있었다든가, 그리고 마르크스가 오랜 기간을 대영박물관에서 보냈음을 들고 있다.

　어떠한가. 이처럼 러셀의 따분함에 대한 글은 그 길이는 짧을지언정 많은 깨달음과 가르침이 있다. 고전을 많이 읽음으로써 우리의 글쓰기 능력은 비약적으로 좋아질 수 있다.

그리고 또 하나 주목할 만한 것이 더 있다. 바로 러셀의 문체이다. 한 문장, 한 문장이 매우 명확한 표현으로 채워져 있고, 번역한 문장을 읽더라도 이해하는 데 불편함이 없다.

내가 러셀과 처음 만난 것은 고등학생 시절이었다. 영어공부를 하다가 러셀의 글을 읽고 참으로 아름다운 글이라는 생각을 했다. 그래서 러셀의 원서를 사서 즐겁게 읽은 기억이 있다.

러셀의 영어문장은 지극히 논리적이고 아름답다. 영문독해가 어느 정도 가능한 사람이라면 바로 명확하게 이해할 수 있다. 머리가 좋은 사람은 문장도 군더더기 없이 깔끔하다는 사실을 충분히 알 수 있었고, 내가 영어공부를 하길 참 잘 했구나, 하는 생각으로 감사해하면서 읽었다.

《대역 러셀 1~4》(남운당南雲堂)는 읽기 쉬운 번역문이기에 권하는 책이다.

그리고 또 중요한 사실 하나를 더 말하자면, 러셀과 같은 아름다운 영문을 읽고 그것을 번역하는 작업을 반복하다 보면 국어실력이 훨씬 향상된다. 어느 정도 영어를 할 수 있는 사람은 꼭 한번 러셀의 문장을 번역해 보기를 권한다. 한 장 정도만이라도 해 본다면 분명 국어 실력이 늘었다는 생각이 들 것이다.

방법서설

| 데카르트 저, 다니가와 다카코(谷川多佳子) 역 |

    앞에서도 여러 번 강조한 바와 같이 직장인들에게 필요한 문장은 미문美文이 아니라 실용문이다. 공자도 '사달辭達'이라 하여 말이라는 것은 자신이 전하고자 하는 의도를 상대방에게 전달하기 위한 것이라고 했다.

    그처럼 사달을 실천할 때에 참고하는 것이 철학자이자 수학자인 데카르트의 글이다. 그는 자신의 생각을 투명도가 높은 문장으로 구성하는 능력이 대단히 뛰어난 사람이다.

    《방법서설》에서 그는 자신의 가치관을 다음과 같이 서술하고 있다.

    논리학을 구성하고 있는 엄청난 규칙 대신에, 단 한 번이라도 거기서 벗어나지 않겠다는 굳은 마음만 있다면 다음 네 가지 규칙만으로 충분하다고 믿었다.

첫째, 우리들이 명증明證적으로 참이라고 인정할 수 있는 것이 아니라면 그 어느 것도 참이라고 받아들일 수 없다는 것이다. 바꾸어 말하자면 주의 깊게 속단과 편견을 피할 것, 그리고 의심이 개입할 여지가 전혀 없을 정도로 명철하고 분명하게 정신에 나타나는 것 이외에는 그 무엇도 내 판단에 포함시키지 않을 것.

둘째, 내가 검토하는 문제 하나하나를 가능한 한 많게, 나아가 문제를 보다 잘 해결하기 위하여 가능한 한 작게 분할할 것.

셋째, 내 생각을 순서에 따라 이끌어 나아갈 것. 가장 단순하고 가장 이해하기 쉬운 것에서 시작하여 조금씩 계단을 오르듯이 좀 더 복잡한 인식으로 올라가서, 자연 그대로는 전후의 순서를 알 수 없는 것에도 순서를 부여하여 나아갈 것.

그리고 마지막으로 모든 경우에, 완전한 열기와 전체적인 검토를 통해 빠뜨린 것이 없다고 확신할 것.

데카르트는 이와 같이 자신이 사고할 때의 룰을 네 개로 정한 것이다. 네 개로 좁혀서 정한 것 자체도 대단하지만, 여기서 주목했으

CHAPTER 06

면 하는 것은 그 문장의 간결함이다. 첫째, 둘째, 셋째라는 식으로 나누어 설명함으로써 대단히 이해하기가 쉽다.

필요최소한으로 줄여서 제시한다. 이것은 수학적인 방법이다. 필요에 충분한 것을 기록함으로써 데카르트는 수학적인 글쓰기를 프랑스어로 구현한 것이다.

내 수업에서는 데카르트의 《방법서설》을 대학교 1학년 때에 읽도록 하고 있다. 데카르트의 시대는 일본에서는 전국시대에서 에도 시대에 이르는 시기에 해당되지만, 그의 글을 읽어 보면 지금도 역시 "알겠다, 이해하기 쉽다." 무릎을 치게 된다. 왜 시대를 초월하여 이해하기 쉬운가 하면, 데카르트의 머리가 좋고 그가 투명도가 높은 문장을 썼기 때문이다. 요소들이 압축되어 있어서 마치 수학문제의 답안을 적는 것과 같이 쓰여 있다.

수학적으로 기술한다는 것은 최종적으로 문장 속에서 가장 적절하고 효율적인 기술을 한다는 것이다. 실제로 a, b, c 등 알파벳의 앞에 이미 알고 있는 정수를 넣고, x, y, z 등 미지수는 뒤에 넣고, 계수를 그 알파벳의 왼쪽에, x^2과 같은 승수를 알파벳의 오른쪽에 쓴다는 수식표기법은 바로 데카르트가 개발한 것이다. 수식은 언어의 심플한 형태이다.

그리고 보면 도쿄대의 수학교수가 수험생에게 조언한 내용 가운데 "수학문제의 답안이라고 해서 수식을 열거하는 것이 아니라, 어떠한 의도로 그 수식을 도출했는가를 일본어로 적어 보라."는 것이 있었다.

이것은 숫자를 일본어로 설명해 보라는 것이지만, 반대로 언어를 사용해서 설명할 때에는 수학을 하듯이 설명하려고 노력하는 것이 좋다는 말이 된다.

그렇다면 좋은 문장을 쓰기 위해서는 수학을 하지 않으면 안된단 말인가? 많은 이들이 이제 와서 그럴 수는 없을 것이다. 그렇다면 데카르트처럼 엄밀한 사고를 통해 요소들을 추려내고 그것을 메모해 두었다가 소재로 사용하여 글을 쓰는 것이 중요한 것이다. 그렇게 작성한 글이 이해하기 어렵다면 처음에 요소를 뽑아내는 작업 그 자체에 문제가 있었다는 말이 된다. 그래서 나는 대학 1학년 때에 그 논리구조를 세우는 방법을 데카르트로부터 배우기를 바라는 것이다. 그럼으로써 데카르트처럼 어느 나라 말로 번역을 해도 그 의미가 흩어지지 않는, 부녕도가 높은 문장을 쓸 수 있기를 희망하는 것이다.

여기까지는 데카르트의 문장에 관한 이야기를 주로 했지만 사실 내용면에서도 데카르트의 방법서설은 매우 재미가 있다.

데카르트 자신의 인생에 관해서 꽤나 상세하게 기술하고 있다. 데

CHAPTER 06

카르트는 '나는 교사들로부터 벗어나는 그 순간부터 문자에 의한 학문(인문학)을 완전히 방기해 버렸다. 그리고 앞으로는 나 자신 안에, 혹은 세계라는 커다란 교과서 안에서 발견하게 될 지도 모르는 학문만을 하겠다고 결심'하고 여정에 나선 것이다. 그래서 병사가 되어 전투에 참가하거나 여러 다양한 사람들을 만나면서 세상의 상식을 넓혀 간 것이다. 이처럼 데카르트라는 사내는 의외로 대담한 인물로 모험심이 넘치는 사람이다. 그런 여정의 끝에서 《방법서설》을 썼기 때문에 더 설득력이 있는 것이다.

이 책 안에는 예를 들어 숲속을 걷는 사람의 이야기가 나온다. 숲속을 걷다가 길을 잃고 방향을 바꾼다. 그래도 길을 못 찾고 또 방향을 바꾼다. 그렇게 계속해서 방향을 바꾸다 보면 숲속을 빙빙 돌게 되고 마는 것이다. 그러므로 움직이기 전에 잘 생각하고 생각해서 이것이라고 마음을 정했으면 방향을 바꾸지 말고 그대로 나아가다 보면 마침내 숲에서 벗어날 수 있게 된다. 숙려하고, 단행하라는 것이다. 그렇게 하면 된다는 것을 알게 되고부터 양심을 혼란스럽게 하는 후회와 양심을 불안케 하는 모든 것으로부터 해방되었다고 그는 적고 있다.

이처럼 데카르트라는 천재가 수십 년이라는 기간 동안 고민한 끝에 얻은 여러 가지를 이 한 권의 책에 압축하여 적어 놓았다. 방대한 내용을 과부족 없이 응축하여 적었기 때문에 대단히 큰 무게를 느낄 수 있다. 이로써 데카르트의 《방법서설》은 그 문장을 보아도, 또 그 내용을 보아도 모두 훌륭한 작품이라는 것을 알 수 있다.

나는 이와 아주 가까운 일본 작품이 바로 미야모토 무사시宮本武藏의 《오륜서》(가마타 시게오鎌田茂雄, 고단샤학술문고)라고 생각한다. 《어른들을 위한 독서의 모든 것》에서도 언급한 바가 있으므로 여기서는 간단하게 설명하겠지만, 이 책에는 무사시가 일생에 걸쳐 얻은 것이 '병법 35개조'로 정리되어 있다. 눈빛이라든지 마음가짐, 발검술에 이르기까지의 모든 내용들이 담겨 있다. 그리고 그 설명도 매우 간결하고 쉽다.

이러한 검의 궁극적인 의미를 알게 된다면 천하무적이 될 것이다. 무사시의 글은 어디 하나 낭비가 없고 매우 짧지만 그 경험은 매우 방대하다. 검술과 같은 비전서에는 궁극의 비법이 쓰여 있지만, 이것을 너무 축약하면 추상적이어서 마치 시처럼 된다. 그래서 비전서의 대부분은 마치 선불교의 선문답과 같은 양상이 되어 기술적인 것이 오히려 누락되는 경우가 많다. 그러나 미야모토 무사시의 《오륜서》의 경우에는 기술적인 내용도 대단히 상세히 설명되어 있다. 그 점이 무사시가 훌륭한 이유이기도 하다. 결국 요소를 하나도 빠뜨리지 않고 담았기 때문에 그 표현이 짧아도 이해하기에 부족함이 없는 것이다.

그런 점에서 데카르트와 미야모토 무사시의 글은 닮았다. 언어를 음미할 수 있고, 사상이 깊으며, 내용에 과부족이 없다.

참고로 프랑스의 데카르트는 1596년생으로 1650년에 사망한다. 미야모토 무사시는 1584년에 태어나 1645년에 사망한다. 두 사람의 사망 시기는 겨우 5년의 차이가 있을 뿐이다. 동시대의 일본과 유럽에서 각각 최고의 문장을 구사하는 두 사람이 살고 있었다는 말이다.

글쓰기란 무엇인가를 잘 알 수 있게 해주는, 그야말로 필독서이다.

문어역
신약성서

　이번에는 문어체의 아름다움을 맛볼 수 있는 책을 소개하고자 한다.

　성서의 일본어 번역본에는 몇 가지 버전이 존재한다. 이 문어역 신약성서는 메이지시대에 간행되어 쇼와시대 중반까지 가장 널리 보급된 번역본이다. 신약성서와 마찬가지로 번역 출간된 구약성서를 읽어도 무방한데, 구약성서는 그 양이 방대해서 다 읽는 것이 어려울지도 모르겠다. 그래서 우선은 예수가 전하는 말의 아름다움을 느낄 수 있는 신약성서를 읽어 보기를 권한다.

　신약성서는 어디를 펼쳐도 힘이 넘치는 문장으로 구성되어 있는데 예수의 말 가운데 유명한 몇 가지를 소개한다.

CHAPTER 06

'눈에는 눈, 이에는 이'라고 들었을 것이다.

그러나 나는 너희에게 이르나니, 나쁜 자에게 저항하지 마라.

누가 네 오른쪽 뺨을 때리거든 네 왼쪽 뺨마저 돌려 대라.

너를 걸어 고소하여 네 속옷을 가지려는 사람에게는, 겉옷까지도 내주어라.

누가 너더러 억지로 오 리를 가자고 하거든, 십 리를 같이 가주어라.

네게 달라는 사람에게는 주고, 네게 꾸려고 하는 사람을 물리치지 마라.

이 '눈에는 눈, 이에는 이'라는 말은 구약성서의 모세율법에 나오는 말이다(원래는 함무라비 법전에 있는 말). 그러나 예수는 나쁜 이에게 저항하는 것이 아니라, 오른쪽 뺨을 때리거든 네 왼쪽 뺨마저 돌려 대라고 한다.

결국 예수는 보복을 금지한 것이다. 사도 베드로가 "자신에게 죄를 범한 자를 몇 번이나 용서해야 합니까, 일곱 번입니까?"라고 물었을 때 예수는 "그것의 칠십 배까지도 용서하라."고 했다.

사람이 빵으로만 사는 것이 아니라, 하나님의 입에서 나

> 오는 모든 말씀으로 사는 것이다.

이것은 예수가 사탄에게 한 말이다. 예수는 세례를 받은 뒤에 광야에서 40일 낮, 40일 밤을 단식했다. 굶주리고 있는 예수를 향해 사탄이 "네가 신의 아들이라면 이 돌을 빵으로 만들어 보라."고 한다. 그때에 예수는 위에서와 같이 "사람이 빵으로만 사는 것이 아니라, 하나님의 입에서 나오는 모든 말씀으로 사는 것이다."라고 대답한다.

> 심령이 가난한 자는 복이 있나니 천국이 저희 것임이요.

이것은 예수의 산상설교의 한 구절이다. 이에 이어서 예수는 "애통하는 자는 복이 있나니 저희가 위로를 받을 것임이요.", "마음이 청결한 자는 복이 있나니 저희가 하나님을 볼 것임이요." 등 일곱 가지 복을 말한다.

그리고 마지막으로 "나를 인하여 너희를 욕하고 핍박하고 거짓으로 너희를 거슬러 모든 악한 말을 할 때에는 너희에게 복이 있나니, 기뻐하고 즐거워하라. 하늘에서 너희의 상이 큼이라."라고 말했다.

CHAPTER 06

> 공중의 새를 보라 심지도 않고 거두지도 않고 창고에 모아들이지도 아니하되 너희 하늘 아버지께서 기르시나니 너희는 이것들보다 귀하지 아니하냐.

이 말은 자신의 음식이나 옷을 걱정하지 말라는 말에 이어지는 표현이다. 하늘의 새는 씨앗을 심지도, 거두지도, 창고에 모아 두지 않아도 살아가고 있으니 너희도 걱정할 필요가 없다는 말이다.

이처럼 예수가 남긴 많은 말들이 격언이 되거나 속담처럼 인용되는 것은 대단한 일이다. 강력한 힘을 가진 예수의 말을 문어체로 읽음으로써 속담에서와 같은 언어의 품격을 느낄 수도 있다.

성서를 문어체로 번역한 이들의 에너지는 참으로 대단한 것이라고 생각한다. 그들은 메이지시대에 일본에 기독교를 뿌리내리도록 하기 위해 깊이깊이 연구하고 다듬은 문어체로 표현했다. 그 정열과 높은 국어능력을 실감하게 되면 우리의 언어생활에서 사용되는 모국어가 얼마나 일부분에 불과한가를 알 수 있다.

문장도 아름답거니와 내용도 도움이 되는 책이다. 꼭 한번 읽어 보기를 권한다.

노라야

| 우치다 햣켄(內田百閒) 저 |

글쓰기에 도움이 될 만한 책을 언급함에 있어 우치다 햣켄을 제외할 수는 없다.

이《노라야》는 귀여워하던 고양이 '노라'가 집에 돌아오지 않게 된 이후를 다룬 에세이이다.

노라가 목욕탕 욕조 덮개 위에서 잠늘어 있을 때, 인제나 다가가서 머리를 쓰다듬고 턱 밑을 간지르던 것이 몇 번이나 떠오른다. 노라야, 노라야, 노라야 하고 말하면 그렁그렁 목을 울리면서 몸을 길게 늘인다. 노라의 머리에 얼굴을 부비면서 노라야, 노라야, 노라야라고 하면서, 이제 지금은 없어진 낮은 수납

CHAPTER 06

상자 위에서 내려오던 첫날을 생각하면 귀여워서 죽을 지경이었다. 그런데 이제는 다시 돌아오지 않는 것일까.

이런 식으로 노라가 집에 있던 시절의 귀여운 모습을 상세히 묘사하면서 노라의 부재가 가져다주는 슬픔을 드러내고 있다. 매일 일기를 쓰듯이 오늘은 어디를 찾아보았다, 오늘은 잠들기 전에 노라가 생각나서 울고 말았다는 이야기가 이어진다. 자신이 직접 찾는 데 그치는 것이 아니라, 신문광고를 내거나 하는 식으로 점점 큰 일이 되어 간다. 노라는 우치다 햣켄에게 있어 그만큼이나 소중한 존재였을 것이다.

글을 쓰는 데 있어 키우고 있는 개나 고양이는 중요한 테마가 된다. 내 지인 중에도 블로그에 강아지 사진을 올리고 그 강아지가 말을 하는 것처럼 대사를 달았다가 그대로 책으로 출간한 사람도 있다. 이런 식으로 자신이 사랑하는 것에 관한 글쓰기는 글쓰기의 기본이라고 생각한다. 그것을 바보 같다고 생각할 수도 있을 것이다. 그러나 블로그에 올리는 글은 그저 자신이 만족하면 그만이라고 나는 생각한다. 책을 출판하는 것은 일부 선택받은 사람의 몫이었지만, 이제는 인터넷의 발달 덕분에 자신이 좋아하는 것에 대해 자유롭게 쓰고 발표할 수 있는 멋진 시대가 되었다고 생각한다.

우리 고양이가 오늘은 이런 것을 했다, 이런 모습을 보였다고 써 보자. 그것도 사진과 함께 올려 보자. 그런 행위는 사랑하는 대상과의 시간을 기록하는 것이 된다.

그러고 보면 나는 과거에 어느 기관이 주최한 '골든타임 포토&에세이' 콘테스트의 심사위원으로 활동한 적이 있다. 자신의 골든타임이라고 생각하는 한순간을 사진으로 담아 에세이와 함께 제출하면 그것을 심사하는 콘테스트였다. 그 수상작을 모은 책을 〈문예춘추〉에서 발간하기도 했다.

이것을 심사할 때 가장 주목하는 것은 아무래도 사진의 임팩트이다. 거기에 에세이가 더해짐으로써 그 깊이가 배가된다. 사진에 문장을 곁들이는 것은 인터넷과의 궁합이 아주 잘 맞는 표현방식이다. 그러니 여러분도 자신의 사진과 글을 가지고 도전해보기를 바란다.

이외에도 우치다 햣켄의 작품들은 읽는 맛이 있는 작품이 많다. 예를 들어 《백귀원수필百鬼園隨筆》(신조문고), 《어치주첩御馳走帖》, 《일병식재一病息災》(중공문고) 등은 권할 만하다.

마음대로 살아라

| 찰스 부코스키(Charles Bukowski) 저, 토코 코지(都甲幸治) 역 |

　무뢰파 작가인 찰스 부코스키가 자신의 20대의 경험을 살려 쓴 소설이다.
　주인공은 시인이지만, 우체국에서 일하면서 여자친구와 사귀다 쉽게 헤어지고 술도 약해서 헤롱헤롱 살아간다. 그러니 일반적인 기준으로는 좀 부족한 인물이다. 그럼에도 어딘가 자신의 인생을 당차게 살아내고 있다는 느낌을 주는 작품이다.
　이 작품의 매력이 잘 드러나는 부분은, 주인공이 여자친구와 섹스를 마치고 침대 위에서 대화를 나누는 장면이다.

　　"당신 아직 그대로 여기 있네요?"

"무슨 말이야?"

"그러니까, 당신 같은 사람은 만난 적이 없다고요."

"그래?"

"다른 사람은 10퍼센트나 20퍼센트밖에 남지 않아. 근데 당신은 그대로야. 당신 전부가 그대로 여기 있어. 이건 큰 차이야."

"그런가, 모르겠네."

"당신은 여자 킬러야, 무엇이든 될 수 있을걸."

이런 말까지 듣게 되면 기분이 좋다.

이 '그대로 여기 있다'는 표현이 재미있다. 100퍼센트 자기 자신으로 산다는 것, 언제까지나 자기 자신으로 살아간다는 자세를 드러내고 있는 것이다. 문장도 정말로 '전부 그대로 남아 있는' 느낌으로 섹스 이야기도 거침없이 등장한다. 숨김없이 자기를 있는 그대로 드러내는 문장을 구사하고 있다.

있는 그대로의 자신을 살고, 그것을 쓴다면 찰스 부코스키와 같은 글이 될 것이다. 그런 의미에서 글을 쓸 때의 하나의 도착점으로써 이 책을 읽어 보기를 바란다.

베스트셀러 소설 쓰는 법

| 딘 쿤츠(Deam Koontz) 저, 오오이데 켄(大出健) 역 |

이 책은 베스트셀러 작가가 소설가를 꿈꾸는 이들에게 노하우를 알려주는 책이다. 소설가가 되려고 하지 않는 사람들은 나와는 상관없다고 생각할 수도 있지만, 글을 쓸 때 알아 두어야 하는 지식이나 마음가짐이 잘 표현된, 매우 도움이 되는 책이다.

베스트셀러를 쓰기 위해서는 어떻게 해야 하는가를 말하고 있지만, 사도를 알려 주는 법은 일절 없다. 왕도의 최단거리는 이것이라고 알려 줄 뿐이다. 이 책은 출판시장 분석에서 시작하여 매력적인 캐릭터를 설계하는 방법, 플롯의 구성방법, 액션의 묘사방법, 문체에 관한 모든 지식을 전수해 준다. 그리고 작가로서 성공하기 위해 가장 중요한 것은 '읽고, 읽고, 또 읽는 것' 그리고 '쓰고, 쓰고 또 쓰는 것'임을 당연하게 말하고 있다.

책의 말미에는 작가 지망생이 읽어야만 하는 작가와 작품의 리스트가 있다. 상당히 충실한 조언이므로 우리에게도 참고가 된다. 그 설명 부분을 조금 인용해 보겠다.

> 나는 지금까지 몇 번이나 작가는 좋은 독서가가 아니면 안 된다고 말한 바 있다. 다음은 내가 추천하는 작가별 독서 가이드이다.
>
> 다음에 제시하는 작품 가운데 당신이 20% 정도만을 읽었다면 당신은 대중소설가로 성공할 확률이 거의 없다. 절반을 읽었다면 당신은 이미 현대 엔터테인먼트 소설이 어떠한 것인가를 알고 있다고 생각해도 좋다. 하지만 아직 공부가 필요하다. 70%를 이미 읽었고 당신 나름대로의 글을 쓰는 재능이 있다면 당신은 팔리는 소설을 쓸 준비가 되었다고 보아도 좋다.

전업작가가 되기 위해서는 최소한 이 정도는 읽어야 함을 알 수 있다는 점, 그리고 작가들이 매일 이처럼 많은 것을 고려하고 연구하여 글을 쓰고 있음을 알 수 있다는 점에서 대단히 중요한 책이라고 할 수 있다.

문맹, 아고타 크리스토프 자서전

| 아고타 크리스토프(Agota Krisof) 저, 호리 시게키(堀茂樹) 역 |

아고타 크리스토프의 《문맹》이라는 자서전이 있다. 이 책은 100페이지 정도로 짧고 글자 크기도 크다. 짧은 시간에 읽을 수가 있다.

작가는 언어가, 특히 모국어가 얼마나 중요한지를, 그것을 가지고 있고, 그것으로 글을 쓴다는 것이 얼마나 행복한 것인지를 역설하고 있다. 제목이 왜 '문맹'인가 하면, 망명에 의해 모국어를 잃고 새로 언어를 배우기 시작해야 했기 때문이다.

아고타 크리스토프는 원래 헝가리어가 모국어였다. 그러나 프랑스로 망명했기 때문에 프랑스어로 글을 쓰지 않으면 안 되었다.

그런 사정과 각오를 작가는 다음과 같이 토로한다.

> 나는 내가 영원히, 프랑스어를 모국어로 쓰는 프랑스 작가만큼 프랑스어를 익히지 못할 것을 안다. 하지만 내가 할 수 있는 최고를 향해 글을 쓸 것이다.
> 프랑스어는 내가 선택한 것이 아니다. 우연히 운명에 의해 주어졌다.
> 프랑스어로 쓸 수밖에 없다는 현실을 받아들인다. 이것은 도전이라고 생각한다.
> 그렇다, 한 사람의 문맹자의 도전인 것이다.

이런 환경 속에서 글을 쓰겠다는 각오가 가슴을 아프게 한다.

이 책을 읽고 나서 그의 작품《악동일기》(하야카와EPI문고)를 읽어 보면 이렇게 훌륭한 작품이 모국어가 아닌 프랑스어로 쓰였다는 사실에 새삼 놀라게 된다.

《악동일기》의 문체는 대단히 간결하고 투박하다. 왜 그러한 문체로 쓰였는가를 이《문맹》을 읽어 보면 알 수 있다 이 두 권의 책을 꼭 읽어 보기를 바란다.

프랑스어와 관련하여 소개하고자 하는 또 한 권의 책은《잠수복은 나비의 꿈을 꾼다》(장 도미니크 보비 Jean-Dominique Bauby 저 | 고노 마리

CHAPTER 06

코河野万里子 역, 코단샤)이다.

저자는 세계적인 패션잡지 〈ELLE〉의 편집장이었다. 그러나 불치병에 걸려 전신이 마비되고 움직일 수 있는 것은 눈동자뿐이었다. 제목에 쓰인 잠수복이라는 말은 무거워지고 움직일 수 없는 자신의 몸에 대한 비유이다.

이 책은 문자판에 시선을 움직여 문자를 한 자 한 자 고르는 작업을 통해 쓰였다. 그것이 책이 되고, 영화가 되었다.

이 책을 보면 쓴다는 행위는 글자 한 자 한 자를 쌓아 올리는 것임을 잘 알게 된다. 아주 훌륭한 책이다. 지금은 구하기 어렵지만 꼭 읽어 보기를 권한다.

신역 군주론

| 마키아벨리 저, 이케다 기요시(池田廉) 역 |

　마키아벨리의 《군주론》은 읽기 쉬운 문장의 백미이다. 이 《군주론》은 원래 마키아벨리가 자신의 군주에게 올리기 위하여 정리했고, 메디치가의 당주에게 선물하려는 목적으로 썼다. 그러므로 이 책은 군주는 어떠해야 하는가를 말하고 있다. 내용적으로도 훌륭하지만 내가 여기서 강조하고자 하는 것은 바로 이 책의 목차이다. 모든 목차를 분장으로 표현했기 때문에 목차를 읽는 것만으로도 무엇을 다루고 있는지, 무엇을 말하고자 하는지 알 수 있다.

　목차의 일부를 살펴보자.

| 1. 군주국에는 어떤 종류가 있고, 그들은 어떤 수단으로 정복되

CHAPTER 06

었는가
2. 세습 군주국
3. 혼성 군주국
4. 알렉산더 대왕이 정복한 다리우스 왕국은 대왕의 사후에도 후계자에 대한 반란이 일어나지 않았다. 그 이유는 무엇인가
5. 도시 혹은 나라를 다스림에 있어서 정복 이전에 민중들이 자치를 누리고 있었던 경우에는 어떻게 해야 좋은가

어떤가? 대단히 읽기 쉽고 읽을 의욕이 샘솟지 않는가?

사실 마키아벨리의 작품은 《군주론》만이 아니라 모든 작품이 이런 형식으로 되어 있다. 매우 머리가 명석하고 분명한 사람이라는 사실을 목차를 보면 알 수 있다.

나도 논문을 쓸 때에는 이것을 참고하여, 목차만을 보아도 내용을 알 수 있도록 하기 위해 노력해 왔다. 직접 해보면 역시 단어만으로 구성된 목차로는 부족하다는 것을 느끼게 된다. 그럴 때 내용의 전달력을 높이고 싶다면, '○○은 ○○이다.'라든가 '○○은 왜 ○○인가?'와 같이 단정문이나 의문문으로 목차를 정하는 것도 좋은 방법이다. 그것만으로도 문제의 설정이나 주장의 내용을 어느 정도는 알 수 있다.

따라서 목차를 알기 쉽게 붙인다는 것은 반대로 메모를 확실하게 하는 것과 거의 같은 의미가 된다. 이것이 가능해지면 쓸 내용이 분명해지기 때문에 쓰는 작업이 그만큼 즐거워진다. 그래서 목차를 정하는 일은 대단히 중요한 작업이다. 아무래도 군주는 늘 바쁘기 때문에 목차만 보더라도 내용을 알 수 있도록 배려한 부분은 정말로 중요하다. 마키아벨리는 이에 대해서 다음과 같이 말했다.

> "이 글이 선물에 어울린다고는 생각하지 않습니다. 하지만 제가 보고 배운 모든 것을 단시간에 전달할 수 있는 수단을 제공해 드리는 것이 제가 할 수 있는 최선임을 혜량하시어 기쁘게 받아 주실 것을 믿어 의심치 않습니다."

실제로 이런 글이 쓰여 있고, 목차만 보아도 알기 쉬운 보고서라면 군주의 마음을 움직일 가능성이 높다고 생각한다.

우리는 이《군주론》을 꼭꼭 씹어 읽음으로써 늘 바쁜 상사로 하여금 어떻게 하면 문서를 읽어보도록 할 것인가에 대한 힌트를 얻었으면 한다.

그렇게 '쓰는 기술'을 배우고 그 내용도 배울 수 있다는 점에서 일거양득이니 꼭 읽어 보기를 바란다.

차라투스트라는 이렇게 말했다

| 니체 저, 데즈카 도미오(手塚富雄) 역 |

《차라투스트라는 이렇게 말했다》를 매년 대학생들과 함께 음독하고 있다. 문장에도 힘이 있고 멋이 있기 때문이다. 자주 인용하거나 음독하는 부분은 다음과 같다.

> 당신은 당신의 친구를 위해 얼마든지 아름답게 자신을 치장하더라도 과하지 않다. 당신은 친구에게 있어 초인이 되기 위해 날아가는 하나의 화살, 동경의 열의이기 때문이다.
>
> 질투의 화염에 휩싸인 자는 마치 전갈과도 같이 마침내는 자기 자신에게 독침을 향하게 된다.

사람은 누구나 스스로를 사랑하는 법을 배워야 한다. 건강하고 완전한 사랑으로.

　이것이 생이란 말인가……. 나는 죽음을 향해 말하리라, 한 번 더!

　이렇게 몇 마디만 읽어보아도 '아, 니체구나.'라고 생각된다.
　사상사에 있어 유명한 책이라서 소리 내서 읽어보면 니체의 문체를 통해 혼이 전해진다. 번역가의 솜씨도 훌륭해서 더욱 좋다.
　대학 수업에서는 이 책을 함께 소리 내어 읽고 니체의 《차라투스트라는 이렇게 말했다》와 같은 문체로 에세이를 제출하도록 과제를 주고 있다. 그러면 학생들은 자기 나름대로의 글을 써 온다. 그만큼 확실하고 분명한 니체의 문체가 있다는 것이다. 이 문체 역시 니체의 정신성을 드러내고 있다고 생각한다.
　니체는 이 책에서 글쓰기에 대해 이렇게 말하고 있다.

　모든 읽을거리 가운데 나는 피로 쓴 것만을 사랑한다. 피로 써라. 그러면 너는 피가 곧 넋임을 알게 될 것이다.
　사람의 피를 이해하는 것은 쉬운 일이 아니다. 그래서 나는

CHAPTER 06

독서를 게을리하는 자를 싫어한다.

피와 촌철로 쓰는 자는 읽히기를 바라지 않는다. 암기하기를 원한다.

니체가 글을 쓸 때에는 피로 쓸 정도의 고매한 정신으로 쓰는 것이다. 그 정도의 각오로 글을 쓰며 거기서 문장의 힘이 나온다.

이 부분은 실제로 책을 읽어 보면 언어의 힘이 얼마나 대단한가에 대해 실감할 수 있으리라 생각한다.

니체는《이 사람을 보라》라는 책에서 자신이 인류에게《차라투스투라는 이렇게 말했다》라는 최고의 선물을 주었다고 한 바 있다. 이런 말을 할 수 있는 사람은 그리 많지 않을 것인데 실제로 책을 읽어 보면 그 말이 무슨 뜻인지를 알 수 있을 것이다.

힘이 넘치는 책이기 때문에 소리 내어 음독으로 즐겨 보기를 바란다.

나가며

글을 쓴다는 것은 과거에는 특별한 사람이나 가능한 행위였다. 근대에 들어서도 '자신이 쓴 것을 불특정 다수에게 읽게 하는 것'은 극히 일부의 지식인에게나 주어지는 특권이었다.

하지만 이제는 인터넷의 발달로 인해 누구나 자유롭게 글을 쓰고, 그것을 세상에 발신할 수 있게 되었다. 현재 세계의 모든 사람은 쌍방향적으로, 대등하게 '쓰기'가 가능해진 것이다. 쓴다는 행위가 권력으로부터 해방되어 정말로 민중의 것으로 변혁된 사회가 출현했다고도 할 수 있다.

그것은 엄청난 변화이다. 인류 문명사상 첫 권리의 확대이며 획득이라고 해도 과언이 아니다.

내가 20대였던 시절에는 자신의 생각을 세상에 발표할 수단이 없었고, 논문을 발표해도 논문당 평균독자수는 2명이라는 현실이었다. 죽어라 써도 읽어 주는 사람이 거의 없었던 것이다. 또 친구들과 동인지 같은 것도 발간했는데 그것도 겨우 20명 정도에게 배포하면 끝이었다. 누구도 읽지 않거나 겨우 10명, 20명만이 읽어 주는 환경 속에서 글쓰기를 할 수밖에 없었다는 것이 나의 20대였다.

인터넷이 발달한 지금처럼, 과거의 내 글들을 인터넷으로 발신할 수 있었다면 얼마나 충실감을 느꼈을 것인가. 분명 보다 많은 사람들이 공감하고 반응을 해주었을 것이라고 생각하지만, 어쨌든 그런 시대를 살아 온 내가 보기에는 자신의 의견을 세상에 발신할 수 있는 시대가 되었다는 것은 정말로 획기적이라고 본다.

자신이 쓴 것을 전 세계에 발신하고, 다른 사람의 공감을 불러 일으킬 수 있다면 자기 자신이 살아있다는 증거가 되기도 한다. 이 새로운 시대를 살면서 자기 자신을 표현할 수 있다는 것을 실감했으면 한다.

그리고 '읽기', '쓰기', '말하기'와 '듣기'를 연동함으로써 자신에 대한 충실감을 느낄 수 있게 된다. 글쓰기를 통해 상대방과 이어지거나 글쓰기가 어렵지 않게 느껴지기도 한다.

그렇게 함으로써 직장인으로서의 가치가 올라간다는 것을 강하게 실감할 수 있을 것이다. 그것은 표현욕을 충족해 줄 뿐만 아니라 자신의 존재를 증명하기도 한다.

그런 기회 속에서 쓰는 내용이 너무 허접하다면 안타깝고 안타까운 일이다. 물론 어려운 글을 쓰라는 이야기는 아니다. 테마가 있는 책에 관한 독후감이라든가, 본 영화에 관한 글이라도 좋다. 특별히 고상할 필요도 없다. 다만 오리지널리티와 퀄리티는 있었으면 좋겠다는 뜻이다.

사고력을 끊임없이 단련한다는 생각으로 글을 써 보자. 씀으로써 사고력이 향상되고, 사고력이 향상됨으로써 쓰기 능력이 나아진다. 이를 계속함으로써 문장력이 키워지고 동시에 '영향력'도 생기는 것이다.

'읽기', '쓰기', '말하기'와 '듣기'를 연동함으로써 인간은 계속해서 성장할 수 있는 존재이다. 그것은 비즈니스에 있어서 절대적인 효과를 발휘하게 될 것이다. 나아가 그것은 비즈니스의 장을 넘어 우리의 인생을 충실하게 만들어 줄 것이다.

나 또한 계속해서 글을 쓰면서 내 세계의 지평을 넓혀 가고 싶다. 우리 함께, 글을 쓰면서 인간관계를 구축하고, 새로운 발견이 있는 인생을 만들어 가 보기를.

| 옮긴이 | **임해성**

동국대학교 일어일문학과를 졸업한 뒤 한국능률협회와 한국능률협회컨설팅을 거쳐 글로벌비즈니스컨설팅에서 경영 컨설턴트로 활약했다. 지은 책으로는 《토요티즘》《남자라면 오다 노부나가처럼》 등이 있으며, 옮긴 책으로는 《내가 하는 일 가슴 설레는 일》《세상에 읽지 못할 책은 없다》 등이 있다.

사이토 다카시의
훔치는 글쓰기 | 실천편 |

초판 1쇄 펴낸 날 2025년 7월 25일

지은이   사이토 다카시
옮긴이   임해성
펴낸이   장영재
펴낸곳   (주)미르북컴퍼니
자회사   더모던
전 화   02)3141-4421
팩 스   0505-333-4428
등 록   2012년 3월 16일(제313-2012-81호)
주 소   서울시 마포구 성미산로32길 12, 2층 (우 03983)
E-mail   sanhonjinju@naver.com
카 페   cafe.naver.com/mirbookcompany
S N S   instagram.com/mirbooks

* (주)미르북컴퍼니는 독자 여러분의 의견에 항상 귀 기울이고 있습니다.
* 파본은 책을 구입하신 서점에서 교환해 드립니다.
* 책값은 뒤표지에 있습니다.